Themen neu

Lehrwerk für Deutsch als Fremdsprache

Wiederholungsbuch **2**

von Ingrid Sherrington
und Ursula Wingate

Max Hueber Verlag

Bildquellenverzeichnis

Seite 48 Sylt: Sylt-Marketing, Bädergemeinschaft Sylt GmbH, Westerland (Fremel)
        Eifel: Gunter Graf, Lieser
        Windsurfer: Spanisches Fremdenverkehrsamt, München
Fotos Seite 5, 30, 45, 77: Werner Bönzli, Reichertshausen

Dieses Werk folgt der seit dem 1. August 1998 gültigen Rechtschreib-
reform. Ausnahmen bilden Texte, bei denen künstlerische, philologische
oder lizenzrechtliche Gründe einer Änderung entgegenstehen.

E 3. 2. | Die letzten Ziffern bezeichnen
2004 03 02 01 00 | Zahl und Jahr des Druckes.
Alle Drucke dieser Auflage können, da unverändert, nebeneinander
benutzt werden.
1. Auflage
© 2000 Max Hueber Verlag, D-85737 Ismaning
Verlagsredaktion: Werner Bönzli
Layout: Kerstin Graf
Zeichnungen: Martin Guhl, Duillier, Genf
Umschlagfoto: © Eric Bach / Superbild, München
Satz: abc Media-Services, 86807 Buchloe
Druck und Bindung: Druckerei Auer, Donauwörth
Printed in Germany
ISBN 3–19–441522–0

Inhalt

1. Rätselecke

a) Machen Sie das Kreuzworträtsel.

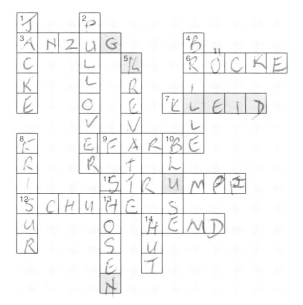

Waagerecht →

3 Das trägt ein Mann.
6 Sie trägt nie Hosen, sondern immer nur …
7 Eine Frau trägt das oft.
9 Blau ist eine …
11  (Singular!)
12 Das trägt man an den Füßen.
14 Das trägt der Mann zur Hose.

Senkrecht ↓

1 Das trägt man über einem Hemd oder über einer Bluse.
2 Das trägt man, wenn es kühler ist.
4 Ich sehe nicht gut, deshalb brauche ich eine …
5
8 Das macht man mit den Haaren.
10 Das trägt die Frau zum Rock oder zu Hosen.
13 Ein Mann trägt keine Röcke, sondern …
14 Das trägt man auf dem Kopf.

b) Ordnen Sie die Buchstaben in den grauen Kästchen.

Wie heißt das Lösungswort?   K L E I D U N G

2. Adjektive

a) **Welche Adjektive passen besser zu einer Person, welche zu einer Sache? Ordnen Sie die Adjektive.**

ruhig	sympathisch	nervös	dick	praktisch	breit	klein
nett	niedrig	schlank	billig	groß	leicht	

Personen	*Personen und Sachen*	*Sachen*
sympathisch ruhig nervös schlank nett dick	groß klein ~~breit~~	billig praktisch niedrig breit leicht

b) **Manche Leute finden alles negativ.**
Schreiben Sie den Text neu. Benutzen Sie immer das Gegenteil der Adjektive.

Ich finde Martin total unsympathisch. Er ist unfreundlich, dumm und langweilig.
Außerdem sieht er hässlich aus. Er ist dick, klein und alt. Wie kannst du ihn nur mögen?

Ich finde Martin total sympathisch. Er ist freundlich, intelligent und interessant. Außerdem sieht er gut aus. Er ist schlank, groß und jung. *Ich mag ihn einfach.*

3. Vergleiche

Name: Sophie Schick
Geburtsdatum: 8. 9. 63
Größe: 1,55 m
Gewicht: 60 kg

Name: Erika Meier
Geburtsdatum: 12. 7. 75
Größe: 1,65 m
Gewicht: 58 kg

Name: Doris Schneider
Geburtsdatum: 1. 8. 75
Größe: 1,72 m
Gewicht: 60 kg

Vergleichen Sie die Personen. Ergänzen Sie dann die Sätze.

1. Sophie Schick ist 12 Jahre *älter als* Erika Meier und Doris Schn
2. Erika Meier ist fast gleich *alt wie Doris Schneider.*
3. Sophie Schick ist 10 cm *kleiner als Erika Meier*
4. Doris Schneider ist 7 cm *größer als Erika Meier*
5. Sophie Schick ist 2 kg *so schwerer als Erika meier*
6. Doris Schneider ist *so schwer wie Sophie Schick,* aber sie ist *größer.* Deshalb ist sie schlank

4. Adjektivendungen im Nominativ

Ergänzen Sie die fehlenden Formen in der Tabelle.

definiter Artikel	indefiniter Artikel	Nullartikel
der gute Wein	ein guter Wein	guter Wein
die süße Limonade	eine süße Limonade	süße Limonade
das gutes Essen	ein gutes Essen	gutes Essen
die frischen Brötchen	Diese Form ist nicht gebräuchlich.	frischen Brötchen
der schwarze Anzug	ein schwarzer Anzug	Diese Form ist nicht gebräuchlich.
die lange Hose	ein lange Hose	Diese Form ist nicht gebräuchlich.
das weiße Hemd	ein weißes Hemd	Diese Form ist nicht gebräuchlich.
die neuen Schuhe	Diese Form ist nicht gebräuchlich.	neue Schuhe.

5. Beim Einkaufen

a) Was kaufen Sie? Ergänzen Sie die fehlenden Adjektivendungen.

1. eine warme_____ Winterjacke – die orangefarbene_____ Jacke
2. ein interessantes_____ Sachbuch – das neues_____ Buch von Amy Tam
3. einen leichten_____ Koffer – den blauen_____ Koffer aus Hartplastik
4. schwarze_____ Schuhe – die bequemen_____ Schuhe für 65 Euro

b) Beantworten Sie jetzt die Fragen.

1. Was für eine Jacke kaufen Sie?   *eine warme Winterjacke*
2. Was für einen Koffer kaufen Sie?   *einen leichten Koffer*
3. Welche Schuhe kaufen Sie?   *schwarze Schuhe*
4. Welches Buch kaufen Sie?   *das neue Buch von Amy Tam*
5. Welchen Koffer kaufen Sie?   *den Blauen Koffer aus Hartplastik*
6. Was für Schuhe kaufen Sie?   *die bequemen Schuhe für 65 Euro.*
7. Was für ein Buch kaufen Sie?   *ein interessantes Sachbuch*
8. Welche Jacke kaufen Sie?   *die orangefarbene Jacke.*

6. Welche Farben sind in dieser Saison modern?

Malen Sie die Kleidungsstücke an.

gelb   orangefarben

gelb   orangefarben

schwarz   braun   rot

grün   weiß   blau

rosafarben   grau

türkisfarben   beige

a) Schreiben Sie jetzt:

Das sind weiße Socken, ein . . .

_____

_____

_____

b) Was passt zusammen? Schreiben Sie wie im Beispiel.

Die weißen Sportschuhe passen zu der blauen Hose.

_____

_____

c) In welchen Kleidern machen Sie das? Wählen Sie aus.

im Park ~~spazieren~~ gehen

zu einer Hochzeit gehen

einkaufen gehen

zum Deutschkurs gehen

in ein gutes Restaurant gehen

im Garten arbeiten

In den weißen Sportschuhen, der blauen Hose und
dem roten T-Shirt gehe ich im Park spazieren.

_____

_____

_____

_____

7. Ein eleganter Herr – ein Punk

Beschreiben Sie.

Kette um den Hals   Stiefel   Anzug Schuhe   Hemd   Armbanduhr Jeansjacke   Krawatte   Jeans

~~dunkelblau~~   golden   weiß   alt dezent   ~~kaputt~~   schwarz   hoch schwer

Der elegante Herr trägt einen dunkelblauen _____

_____

Der Punk trägt eine kaputte _____

_____

8. Zwei Schwestern   *Missing*

a) Ergänzen Sie die fehlenden Adjektivendungen.

Caroline und Julia sind zwei hübsch_____ Schwestern. Sie mögen aber nicht die gleich_____
Kleidung, sondern sie haben ihren eigen_____ Stil.
Caroline trägt gern elegant_____ Sachen, z. B. eng@_____ Röcke, klassisch_____ Jacken
und schön_____ Blusen. Sie mag dezent_____ Farben. Im Büro trägt sie oft einen
schwarz_____ Rock, eine grau_____ Jacke und eine weiß_____ Bluse.

b) Julia ist ganz anders. Was trägt sie gern?

Schreiben Sie einen kurzen Text.

sportlich   bequem   weit bunt   stark   blau offen / lang   rot

Sachen   Hosen   Blusen T-Shirts   Farben   Jeanshose Bluse   T-Shirt

Julia trägt gern _____

_____

_____

_____

_____

_____

9. Ihre Meinung?

a) Was finden Sie gut? Was finden Sie nicht gut? Kombinieren Sie und ordnen Sie ein.

groß	Leute	Ich finde	
gut	Politiker	*gut*	*nicht gut*
laut	Wohnung		
dick	Filme	– *eine gemütliche*	– *laute Musik*
teuer	Musik	*Wohnung*	
unehrlich	Restaurants	–	
intelligent	Männer		
pünktlich	Frauen		
traurig	Autos		
scharf	Lehrer		
gemütlich	Städte		
konservativ	Buch		
lustig	Schmuck		
dumm	Essen		

b) Beantworten Sie nun die Fragen.

1. In was für einer Wohnung möchten Sie leben? *In einer gemütlichen Wohnung.*
2. Was für Leute mögen Sie? *Intelligente Leute*
3. Was für Filme sehen Sie gern? *lustige Filme*
4. Was für Musik mögen Sie nicht? *laute Musik*
5. Gegen was für Politiker sind Sie? *konservativ Politiker*
6. In was für Restaurants gehen Sie gern?
7. Was für Bücher lesen Sie gern?
8. In was für einem Auto fahren sie gern?

10. Artikelwörter

Welche Form von „jed-", „all-", „manch-", „dies-" passt? Ergänzen Sie.

1. In Deutschland müssen ___*alle*___ Kinder in die Schule gehen.
2. ___*Jedes*___ Kind hat Anspruch auf einen Platz in der Schule.
3. ___*Jeder*___ Mensch soll eine Fremdsprache lernen. Finden Sie das auch?
4. ___*Manche*___ Kinder lernen schon als Kleinkind zwei Sprachen.
5. Eine Fremdsprache kann man in ___*jedem*___ Alter lernen.

6. In _____ diese _____ Lektion lernen Sie die Adjektivendungen.
7. Wie gefällt Ihnen _____ dieses _____ Wiederholungsbuch?
8. In fast _____ jeder _____ Lektion müssen Sie ein Rätsel lösen.
9. Lernen Sie immer _____ alle _____ neuen Wörter?
10. Natürlich vergessen Sie _____ manche _____ Wörter wieder, aber sicher nicht _____ alles _____ !

11. Was passt zusammen?

Kombinieren Sie.

eine neue Stelle — kritisieren
einen Prozess — bekommen
verrückte Kleidung — kündigen
sein Leben — finden
Arbeitslosengeld — anziehen
das Aussehen von manchen jungen Leuten — führen
bei seiner Firma — ändern

12. Redemittel für eine Diskussion

Das finde ich nicht.   Da bin ich nicht sicher.   ~~Das ist richtig.~~   Das stimmt.   Genau!
Da bin ich anderer Meinung.   ~~Das ist falsch.~~
So ein Quatsch!   ~~Das stimmt~~, aber …   Sie haben recht, aber …

Ordnen Sie die Ausdrücke in die Tabelle ein.

agree with somebody Zustimmung (+)	*doubt / objection* Zweifel / Einspruch (?)	*rejection* Ablehnung (–)
Das ist richtig.	Das stimmt, aber …	Das ist falsch.
Das stimmt.	Da bin ich nicht sicher	Das finde ich nicht
Genau!	Sie haben recht, aber	So ein Quatsch!
		Da bin ich ander meinung

13. Minidiskussionen

Ergänzen Sie die Sätze mit Redewendungen aus der Übung 12.

a) ○ Zu viel Fernsehen ist nicht gut für Kinder.

❑ Sie ____haben____ ____recht____, ____aber____ Kinder können

durch Fernsehen auch viel lernen.

○ Das _~~stimmt~~_ _~~find ich nicht~~_, aber Kinder sollen lieber aus Büchern lernen.

❑ Da ____bin____ ____ich____ nicht ____sicher____.

Ich finde manche Kindersendungen sehr gut.

b) ○ Ich finde, Deutsch lernen macht keinen Spaß.

❑ ____~~Das ist falsch~~____. Ich lerne sehr gern Deutsch!

find ich nicht.

c) ○ Ohne Computer geht heute nichts mehr.

❑ ____Das ist richtig____. Deshalb mache ich jetzt auch einen

Computerkurs.

1. Rätselecke

Schreiben Sie die passenden Wörter in die Kästchen. Wie heißt das Lösungswort?

1 KINDERGARTEN	1 Wenn Kinder drei Jahre alt sind, gehen sie in den …
2 GRUNDSCHULE	2 Die … dauert in Deutschland vier Jahre.
3 GYMNASIUM	3 Wenn man auf das … geht, kann man später studieren.
4 ABITUR	4 Wenn man studieren will, muss man zuerst das … machen.
5 STUDIUM	5 Das dauert mindestens acht Semester.
6 LEHRE	6 Wenn man z. B. Automechaniker werden will, muss man eine … machen.
7 AKADEMIKER	7 Wenn man einen Hochschulabschluss hat, ist man ein …
8 STELLENSUCHE	8 Für viele Hochschulabsolventen ist die … heute schwierig.
9 BEWERBUNG	9 Wenn man eine Stelle haben will, muss man eine … schreiben.
10 GEHALT	10 Wenn man arbeitet, möchte man natürlich ein gutes …

Wie heißt das Lösungswort?

2. Kombinationen

Was passt zusammen? Kreuzen Sie an.

finish

	studieren	aufhören	machen	gehen	verdienen	lernen
noch kein Geld					X	
an der Universität	X					
mit der Schule		X				X
Abitur			X			
auf die Realschule				X		
einen Beruf						
eine Lehre		X	X			
Psychologie	X					
mit dem Studium		X				
Deutsch	X					X

3. Glückliche Kindheit?

Benutzen Sie das Präteritum von „wollen", „können", „dürfen" oder„ müssen".

> Schule gehen   jeden Tag Hausaufgaben machen   nicht lange fernsehen
>
> einen Hund haben / kein Haustier haben   noch nicht schwimmen
>
> für sein Taschengeld arbeiten   gut Fußball spielen / Profifußballspieler werden

Mit 6 Jahren musste Reinhard in die Schule gehen. Er _____

_____

4. Ein Rennfahrer erzählt.

„Wollte" – „sollte" – „musste" – „konnte" – „durfte"? Was passt?

Schon mit fünf Jahren _____ ich nur mit Autos spielen. Mit zwölf Jahren
_____ ich manchmal das Auto meines Vaters lenken. Mit 16 _____ ich schon
ganz gut Auto fahren. Natürlich _____ ich noch nicht auf der Straße fahren, weil ich ja
noch keinen Führerschein hatte. Damals _____ ich aber schon Rennfahrer werden.
Ich _____ aber das Abitur machen. Meine Eltern _____ das unbedingt.
Eigentlich _____ ich die Firma meines Vaters übernehmen, aber das _____
ich auf keinen Fall. Obwohl meine Eltern das nicht _____, bin ich dann die ersten
Autorennen gefahren.

5. Warum machen Sie das (nicht)?

Beispiel:

Ich esse kein Fleisch.   Ich `bin` Vegetarier

Ich esse kein Fleisch, weil ich | *Vegetarier* `bin`*.*

           Weil ich | *Vegetarier* `bin`*, esse ich kein Fleisch.*

Schreiben Sie Sätze wie im Beispiel:

1. Ich esse kein Fleisch.
2. Ich rauche nicht.
3. Ich esse nichts Süßes.
4. Ich lese jeden Tag Zeitung.
5. Ich reise gern.
6. Ich lerne Deutsch.
7. Ich schreibe sehr oft Briefe.
8. Ich mache jetzt einen Computerkurs.
9. Ich arbeite sehr gern.
10. Ich bin oft allein.

a) Sprachkenntnisse sind heute sehr wichtig.
b) Ich möchte viele Länder kennen lernen.
c) Ich bin Vegetarier.
d) Ich habe viele Freunde in aller Welt.
e) Heute braucht man einfach Computerkenntnisse.
f) Süßigkeiten machen dick.
g) Meine Arbeit macht mir großen Spaß.
h) Ich habe keine Familie.
i) Das Nikotin schadet der Gesundheit.
j) Ich möchte informiert sein.

6. Ein unmöglicher Junge!

Beispiel:

Er hat gute Noten   Er macht nie seine Hausaufgaben.

1.   Er hat gute Noten, obwohl er   nie seine Hausaufgaben macht.

Obwohl er   nie seine Hausaufgaben macht, hat er gute Noten.

Schreiben Sie Sätze wie im Beispiel.

1. Er hat gute Noten in der Schule.
2. Er möchte das Abitur machen.
3. Er möchte abends lange in der Disco sein.
4. Seine Lehrer mögen ihn.
5. Er trinkt schon viel Alkohol.
6. Er möchte von zu Hause ausziehen.
7. Er fährt manchmal Auto.
8. Er hat viele Freunde.
9. Er ist eigentlich sehr nett.

noch keinen Führerschein haben
manchmal aggressiv sein   faul sein
noch sehr jung sein
kein Geld für eine eigene Wohnung haben
manchmal sehr unfreundlich sein
nie seine Hausaufgaben machen
früh aufstehen müssen   die Schule hassen

7. Bedingungen

Formulieren Sie „wenn"-Sätze.

Beispiel:

Wenn man ein gutes Abitur hat, bekommt man leichter einen Studienplatz.

wenn man …

1. ein gutes Abitur haben
2. eine Fremsprache studieren
3. noch studieren
4. noch keine Berufserfahrung haben
5. gern praktisch arbeiten
6. gute Sprachkenntnisse haben

dann …

Stellensuche schwieriger sein
am besten eine Lehre machen
leichter einen Studienplatz bekommen
mindestens ein Semester im Ausland studieren sollen
leichter eine gute Stelle finden können
nicht viel Geld haben

8. Nebensätze

„Weil", „wenn" oder „obwohl"? Was passt?

Als Kind wollte ich Tierärztin werden, weil ich Tiere sehr gern hatte. Später wollte ich Fotoreporterin werden, _____ *weil* _____ ich sehr viel reisen wollte.
Ich habe mit 18 das Abitur gemacht, _____ ich als Jugendliche nicht gern in die Schule gegangen bin. _____ ich eigentlich studieren wollte, habe ich dann eine Banklehre gemacht, _____ ich bald Geld verdienen wollte. Jetzt arbeite ich nicht mehr, _____ ich zwei Kinder habe und den Haushalt versorgen muss.
Zu meinen Kindern sage ich immer: _____ man heute keine gute Ausbildung hat, hat man keine Chancen im Berufsleben. _____ ihr einmal studieren wollt, dann müsst ihr ein gutes Abitur machen. Aber meine Kinder wollen nicht studieren, _____ es zur Zeit so viele arbeitslose Akademiker gibt. _____ sie das Abitur haben, wollen sie auch lieber einen Beruf lernen. _____ ich das selbst auch so gemacht habe, finde ich das nicht so gut.

9. „Deshalb", „trotzdem", „dann" oder „sonst"?

Streichen Sie die falschen Wörter durch.

1. Mein Chef ist sehr streng.   Trotzdem / ~~Deshalb~~ / ~~Sonst~~   mag ich meine Arbeit.

2. Man muss seine Arbeit gut machen.   Sonst / Deshalb / Dann   ist der Chef zufrieden.

3. Ich kann selbständig arbeiten.   Dann / Trotzdem / Deshalb   finde ich meine Arbeit nicht langweilig.

4. Meine Kollegen sind sehr nett.   Deshalb / Sonst / Dann   haben wir viel Spaß zusammen.

5. Manchmal treffen wir uns nach der Arbeit.   Trotzdem / Dann / Deshalb   trinken wir zusammen ein Bier.

6. Man muss im Büro immer freundlich sein.   Sonst / Trotzdem / Dann   bekommt man Probleme.

7. Die Arbeitsatmosphäre soll gut sein.   Deshalb / Sonst / Trotzdem   arbeitet man nicht so gern.

8. Wollen Sie Karriere machen?   Deshalb / Sonst / Dann   müssen Sie besser sein als die anderen.

10. Lebenslauf

a) Ordnen Sie die Ausdrücke aus dem Kasten in den tabellarischen Lebenslauf ein.

Wohnort Geburtsdatum Familienstand Staatsangehörigkeit Familienname Berufsausbildung Geburtsort Vorname(n) Schulausbildung/Abschluss jetzige Stelle

Familienname: _____   Menzel, geb. Nold

_____   Eva-Maria

_____   5.4.1962

_____   in Ettlingen

_____   deutsch

_____   verheiratet, ein Kind

_____   76316 Malsch

_____   15.9.1968–25.6.1972 : Grundschule in Malsch

_____   1.9.1972–15.6.1981: Gymnasium Ettlinge/Abitur

_____   1.10.1981–1.9.1984: Lehre bei der Volksbank/Bankkauffrau

seit 1.5.1989: Bankkauffrau bei der DG Bank

b) Beschreiben Sie jetzt die Schul- und Berufsausbildung von Eva-Maria Menzel.

besuchen ➢ aufs Gymnasium in … gehen ➢ Abitur machen ➢ eine Lehre bei … machen ➢ seit … als Bankkauffrau arbeiten

Vom fünfzehnten September 1968 bis zum _____   *hat Eva-Maria Menzel*

_____

_____

_____

11. Was ist wichtig im Beruf? Was ist wichtig bei einem Stellenbewerber?

Ordnen Sie.

> Teamfähigkeit   ein sicherer Arbeitsplatz   Berufserfahrung   gute Sprachkenntnisse
> ein gutes Gehalt   dynamische Persönlichkeit   gute Karrierechancen
> angenehme Arbeitsatmosphäre   gute Sozialleistungen   Computerkenntnisse

Das ist wichtig im Beruf:	*Das finden Firmen bei Bewerbern wichtig:*
ein gutes Gehalt	*Computerkenntnisse*

12. Bewerbung

Wir sind eine junge Softwarefirma mit einem erfolgreichen Programm und Firmenkontakten in allen Kontinenten und suchen zum 1.9.2000 eine

Fremdsprachensekretärin

Sie sind fit in Englisch, Spanisch und Französisch, beherrschen die modernen Kommunikationsmedien und sehen kein Problem darin, dass die Arbeit manchmal etwas länger dauern kann. Dann finden Sie bei uns ein junges Team, eine sehr abwechslungsreiche und spannende Tätigkeit und ein überdurchschnittliches Gehalt. Interessiert? Rufen sie uns an oder schicken Sie uns Ihre Bewerbungsunterlagen.

duffner & partner
executive software
Personal Manager

Hauptstraße 24
76321 Marktstadt
Tel. 0 99 19 · 99 88 77 66
Fax 0 99 19 · 99 88 77 68
duffpa@entersoft.de

In dem Bewerbungsbrief unten gibt es in fast jeder Zeile einen Fehler. Vergleichen Sie ihn mit dem Brief im Kursbuch (Aufgabe 17) und markieren Sie die Zeilen ohne Fehler so: ✔ Unterstreichen Sie die Fehler und verbessern Sie sie.

Personalabteilung   18.7.2000

Firma Duffner

Hauptstraße 24

76321 Marktstadt

Fremdsprachensekretärin-Bewerbung

Ihre Anzeige den 18. 7. 2000 in der Marktstädter Zeitung

Liebe Herren,

ich bewerbe mich hiermit über die Stelle als Fremdsprachen-

sekretärin in Ihrer Firma. Von 1990 arbeite ich bei der Firma

Lutz in Marktstadt.

Ich habe sehr gute Englisch- und Französischkenntnisse,

besuche seit März einen Spanischkurs und möchte trotzdem

als Fremdsprachensekretärin arbeiten.

Über bald eine Antwort würde ich mich sehr freuen.

Freundlich Ihre

Erika Meier

duffner + partner
Personal Manager
✔

1. Was ist richtig?

1. Wann gehen wir ins Kino?
   Ich weiß noch nicht, vielleicht nächstes _____ *Wochenende.*
   a) Abend   c) Film
   b) Programm   d) Wochenende

2. Karin geht _____ *regelmäßig* _____ einmal im Monat ins Theater.
   a) viel   c) regelmäßig
   b) möglich   d) oft

3. Das Konzert hat mir nicht gefallen, das _____ *Orchester* _____ war so schlecht.
   a) Musik   c) Unterhaltung
   b) Orchester   d) Qualität

4. Mark sieht nicht gern RTL, weil es da zu viel _____ *Werbung* gibt.
   a) Programme   c) Sendungen
   b) Werbung   d) Vorstellungen

5. Mach mal den Fernseher an, ich will die _____ *Nachrichten* sehen.
   a) Nachrichten   c) Prozesse
   b) Wetterbericht   d) Illustrierten

2. Was passt?

Verbinden Sie zu Sätzen.

	freut sich		Volkslieder.
	ärgert sich	für	den unfreundlichen Kellner.
			den großen Blumenstrauß.
			die kaputten Schuhe.
Frau Reinmann	interessiert sich	über	das nächste Wochenende.
			Literatur.
	regt sich auf	auf	den schlechten Spielfilm.
			den Hund des Nachbarn.
	beschwert sich		die Reise nach Rom.
			den Französischkurs.

3. Welche Verben passen?

weinen	aufhören	warten	lachen	sprechen	fragen
einverstanden sein		beschweren	entschuldigen		informieren
diskutieren		telefonieren	bewerben		denken

1. sich bei der Lehrerin   _____
2. mit der Lösung   _____
3. an die Ferien   _____
4. mit dem Studium   _____
5. nach dem Fernsehprogramm _____
6. über die Noten   _____
7. auf die Vorstellung   _____
8. mit der Sekretärin   _____
9. sich bei der Firma   _____
10. über den Lehrer   _____

4. Welche Adverbien passen?

noch	ungefähr	wenigstens	leider	kaum	besonders	mindestens	vielleicht

1. „Hast du gestern „Tatort" gesehen? Diesmal hat er mir ___besonders___ gut gefallen."
2. „Nein, ich hatte so viel Arbeit, ich habe letzte Woche ___wenigstens___ (kaum) ferngesehen."
3. „Hast du ___wenigstens___ das Länderspiel gesehen?"
4. „___Leider___ auch nicht! Aber heute Abend gehe ich in die Oper, da ist die Premiere von »Alfonso«."
5. „Toll! Gibt es da ___noch___ Karten?"
6. „Ich glaube nicht. Aber ___vielleicht___ kannst du ja für nächste Woche noch eine Karte bekommen."
7. „Wie viel kosten die denn ___ungefähr___ ?"
8. „Na, also ___ungefähr___ 30 Euro pro Karte!"

kaum - hardly, scarcely, barely.

mindestens - at least

5. Worträtsel

Welches Wort finden Sie in den dunklen Kästchen?

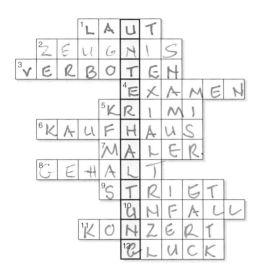

1   Die Musik ist zu _____ laut _____, ich kann kein Wort verstehen.

2   Sigrid will mit der Schule aufhören, weil sie wieder ein schlechtes ___ zeugnis ___ hatte.

3   Straßenmusik ist hier _____ verboten _____!

4   Bea hat lange studiert, jetzt macht sie endlich _____ examen _____.

5   Ich bin sehr ängstlich, deshalb sehe ich nie den _____ Krimi _____ am Mittwochabend.

6   Da drüben ist ein _____ Kaufhaus _____, da können Sie alles kaufen, was Sie wollen.

7   In Berlin gibt es Schauspieler, _____ Maler _____ und Musikanten auf der Straße.

8   Mit meiner Arbeit bin ich eigentlich sehr zufrieden, nur das _____ Gehalt _____ ist zu niedrig.

9   Letztes Jahr habe ich mit Helmut zusammen Straßenmusik gemacht, aber dann hatten wir _____ strieðhen _____, und jetzt spiele ich allein.

10 Tanja hatte einen _____ unfall _____. Jetzt kann sie nicht mehr laufen.

11 Sie mögen Musik so gern? Warum gehen Sie dann nicht öfter in ein _____ Konzert _____?

12 Ich wünsche dir viel _____ glück _____ zum Geburtstag!

Lösungswort: | U | N | T | E | R | H | A | L | T | U | N | G |

6. Was passt zusammen?

1. _____ hast du gerade telefoniert? –

2. Monika hat angerufen. Es gibt Probleme in der Firma,
   und wir haben _____ gesprochen.

3. Denkst du oft _____ Arbeit nach? –

4. Nein! Ich denke sonst nie _____,
   wenn ich frei habe!

5. Sag mal, _____ interessierst du
   dich eigentlich am meisten? –

6. Ich glaube, am meisten _____.

7. Frau Mähler, könnten Sie dieses Jahr im August Urlaub machen? –
   Ja gut, _____ bin ich einverstanden.

8. Hört doch endlich mal _____ Lärm auf! –

9. Das ist kein Lärm, wir diskutieren _____!

10. Schau mal, _____ spielt denn Sabine da?
    Das ist doch ihr neues Spielzeugauto.

11. _____ wartest du? –

12. _____. Sie ist schon zwei Stunden zu spät.

a) über Politik
b) damit
c) darüber
d) auf meine Frau
e) daran
f) mit wem
g) mit dem
h) womit
i) wofür
j) über deine
k) für Briefmarken
l) auf wen

7. Ergänzen Sie.

1. Hast du dich schon _____ die Preise informiert? – Ja. Die Eintrittskarten sind
   nicht zu teuer. Ich freue _____ schon sehr _____ das Konzert.

2. Bitte warte einen Moment _____ mich, ich muss mich noch anziehen.

3. Kommt Peter auch mit? – Nein, seine Frau ist _____ nicht einverstanden.

4. _____ denkst du gerade? – _____ meine Arbeit. Ich habe mich heute sehr
   _____ meinen Chef geärgert.

5. Ich konnte heute meine Hausaufgaben nicht machen. – Dann solltest du dich _____
   deinem Lehrer _____ entschuldigen.

6. _____ freuen Sie sich so? – _____ das gute Zeugnis meines Sohnes.

7. Hast du ein Problem? – Ja, aber im Moment möchte ich nicht mit dir _____ sprechen.

8. Es ist schon sieben Uhr. Wollen Sie nicht _____ der Arbeit aufhören?

9. Was für ein Gehalt bekomme ich bei Ihnen? – Bitte informieren Sie sich _____
   beim Personalchef.

10. Stimmt das, dass Monika jetzt _____ Siemens arbeitet? – Ja.
    Und wer passt _____ ihre Kinder auf? – Die Oma.

8. Schreiben Sie.

Beispiel:

Frau Seidel ärgert sich über den Lärm nebenan.

Herr Seidel ärgert sich nicht darüber.

Anita freut sich

Michael

	Frau Seidel und Herr Seidel	Anita und Michael
sich freuen	Theatervorstellung	Urlaub in Ibiza
sprechen	die lauten Kinder des Nachbarn	schöner Mann
sich ärgern	✔ Lärm nebenan	Lehrer des Sohnes
warten	Gäste	Brief von Oma
einverstanden sein	hohe Miete	ihr Chef
sich informieren	Eintrittspreis	neuer Mieter

9. Was würde Roland tun, wenn er nicht arbeiten müsste?

morgens bis zehn Uhr schlafen	im Bett frühstücken
vormittags in der Kneipe ein Bier trinken	im Park sitzen einkaufen gehen
ein schönes Mittagessen kochen	beim Mittagessen fernsehen
ein bisschen die Wohnung aufräumen	seine Frau von der Arbeit abholen
mit ihr zu Abend essen ausgehen	bis ein Uhr mit Freunden zusammensitzen

Morgens würde er bis zehn Uhr schlafen.

Dann würde er im Bett frühstücken.

Mittags

Danach

Später

10. Schreiben Sie.

Beispiel: Alle schlafen schon. (wir / viel Arbeit haben)

Wenn wir nicht so viel Arbeit hätten, würden wir auch schlafen.

1. Anna ist so schlank.   (Ich / so viel essen)
2. Sarah verdient sehr viel.   (Andrea / nur halbtags arbeiten)
3. Norbert hat ein tolles Auto.   (Frank / so viel Miete bezahlen müssen)
4. John kann schon sehr gut Deutsch.   (Pascal / einen schlechten Lehrer haben)
5. Frau Ehlers hat keine Probleme im Büro.   (Herr Egli / immer alles vergessen)
6. Petra hat viele Freunde.   (Bettina / immer so unfreundlich sein)
7. Michael geht oft ins Konzert.   (Seine Frau / nur für Mode interessieren)
8. Heiner ist schon Chef in seiner Firma.   (du / so faul sein)

11. Was würden Deutsche tun, wenn sie eine Million gewinnen würden? *what about*

Eine aktuelle Umfrage der Berliner Gesellschaft für Sozialpsychologie zeigt, wovon Frauen und Männer träumen. Lesen Sie die Statistik und schreiben Sie: Was würden deutsche Frauen und Männer mit einer Million DM tun?

	Frauen	Männer
eine Weltreise machen	86%	81%
nie mehr arbeiten	58%	69%
Traumhaus kaufen	49%	51%
Traumhobby ausüben, z. B. Segelfliegen	29%	48%
ein Luxusauto kaufen	22%	57%
nur noch Designermode tragen	42%	12%
Verwandten und Freunden Geld geben	21%	15%
eine eigene Firma gründen	9%	24%

86 Prozent der Frauen und 81 Prozent der Männer

69 Prozent der Männer, aber nur 58 Prozent der Frauen

12. Und Sie? Was würden Sie tun? Was würden Sie nicht tun?

> meinem Freund einen Porsche schenken   mit meinem Studium aufhören
>
> meinen Verwandten Geld schenken   ein ganz tolles Auto kaufen
>
> eine Wohnung kaufen   eine große Reise machen   keine Ahnung!

Ich würde auf keinen Fall

Industrie, Arbeit, Wirtschaft

1. Was passt?

über das Essen ~~Geld~~ über die Reparatur	
mit einem Kind mit der Arbeit Klavier	
bei der Werkstatt an der Tankstelle	
Fußball in einer Autofabrik	
mit dem Studium mit dem Gehalt	
über den Film bei einer Kundin	
die Reifen beim Chef über die Rechnung	
in München über ein Vorurteil	

1. _____ *spielen*
2. _____ *aufhören*
3. _____ *nachdenken*
4. _____ *Geld* _____ *wechseln*
5. *sich* _____ *beschweren*
6. _____ *zufrieden sein*
7. _____ *arbeiten*
8. *sich* _____ *entschuldigen*

2. Wie heißt das Gegenteil?

Beispiel: ein schnelles Auto   *ein langsames Auto*

1. ein starker Motor   _____
2. ein großer Kofferraum   _____
3. niedrige Kosten   _____
4. eine geschlossene Tür   _____
5. eine schwierige Prüfung   _____
6. eine schmutzige Werkstatt   _____
7. ein trauriges Buch   _____
8. eine langweilige Arbeit   _____
9. ein intelligenter Schüler   _____
10. eine teure Reparatur   _____

Komparativ als Adverb

Der Mazda ist schnell, aber der Toyota ist
schnell**er**.

Komparativ: **-er**

Superlativ als Adverb

Der Mercedes ist noch schneller als der Toyota.
Er ist **am** schnell**sten**.

Superlativ: **am -st-en**

Komparativ als Attribut

Der Toyota ist das schnell**er-e** Auto.
Der Toyota ist ein schnell**er-es** Auto
als der Mazda.

Adjektiv + **er** + Adjektivendung

Superlativ als Attribut

Der Mercedes ist das schnell**st-e** Auto.

Adjektiv + **st** + Adjektivendung

3.   Welche Dialogteile passen zusammen?

1. Sag mal, wie ist denn dein neuer BMW?   b

2. Stimmt das, dass du ein Haus gekauft hast?   e

3. Welche Videokamera kannst du mir   a
   empfehlen?

4. Wie viel hat dein neuer Computer gekostet?   d

5. Wie ist deine neue Freundin?   f

6. Hast du gehört, dass Thomas umgezogen ist?   c

a) Die Vitoshi 101. Sie hat eine bessere Qualität als die alten Modelle.

b) Es geht. Er ist nicht so schnell, wie
   im Prospekt steht.

c) Ja. Leider hat er jetzt einen viel
   weiteren Weg zur Arbeit als vorher.

d) Er war viel teurer, als ich gedacht
   habe.

e) Ja, aber ich bin nicht zufrieden. Die
   Lage ist nicht so ruhig, wie man mir
   gesagt hat.

f) Ich weiß nicht. Sie ist viel anstren-
   gender, als ich gedacht habe.

4.   Ergänzen Sie.

Beispiel: Der Toyota fährt 190 km/h, der Mazda fährt nur 170 km/h.
          Der Toyota ist das *schnellere* Auto.

1. Der Golf GTI kostet 20.000 €, der Mercedes 30.000 €. Der Mercedes ist das

   _____ Auto.

2. Der Garten des Reihenhauses ist 60 qm groß, der Garten des Bungalows 100 qm.

   Der Bungalow hat einen _____Garten.

3. Martin hat eine Drei in Mathematik, Florian hat nur eine Vier. Martin hat die

   _____ Note.

4. Frau Thelens Kinder sind drei und fünf Jahre alt, Frau Bormanns Kinder sind schon zehn

   und zwölf. Frau Bormann hat _____ Kinder als Frau Thelen.

5. Peters Auto hat 75 PS, Franks Auto hat 100 PS. Frank hat ein _____

   Auto.

6. Beate verdient 3000 € pro Monat, aber Anne verdient 4000 €. Anne hat ein

   _____ Gehalt.

5.   Ergänzen Sie die Sätze.

Beispiel: Richard hat eine attraktive Freundin, aber … *er hätte gern eine attraktivere.*
          Ich wohne in einem großen Haus, aber … *ich würde gern in einem größeren*
          wohnen.

1. Mein Mann bekommt ein hohes Gehalt, aber ... W *er würde ein höheres (Gehalt) bekommen gern*
2. Meine Kinder haben eine nette Lehrerin, aber ... *Sie hätten gern eine nettere (Lehrerin) w/L*
3. Herr Frenzel hat ein schönes Büro, aber ... *Er hätte gern ein schöneres w/L*
4. Eva hat einen kurzen Weg zur Arbeit, aber ... *Sie hätte gern einen kurzeren w/L*
5. Frau Engels trägt elegante Kleider, aber ... W *Sie würde gern elegantere tragen*
6. Ich habe eine leichte Arbeit, aber ... *Ich hätte gern ein leichtere w/L*
7. Daniel ist ein guter Schüler, aber ... *Er wäre gern ein besserer w/L*
8. Ich habe viele Bücher, aber ... *Ich hätte gern mehr*

6. Ein Quiz

Ergänzen Sie den Superlativ.

berühmt	kalt	viel	lang	hoch	schön	groß	hoch

1. Kennen Sie den _____ Turm in Frankreich?
2. Wie heißt das _____ Land in Europa?
3. Welches Land der Welt hat die _____ Einwohner?
4. Wie heißt der _____ Fluss in Deutschland?
5. Wo gibt es den _____ Winter?
6. Aus welchem Land kommen die _____ Raumfahrer?
7. Welcher Berg ist der_____ auf der Welt?
8. Wie heißt dieses Jahr die_____ Frau der Welt (Miss World)?

7. Ergänzen Sie die Komparative oder Superlative.

1. *(bequem)* Der Mazda 121 ist _____ _____ alle anderen Kleinwagen!
2. *(gut)* Kronstein Bier schmeckt _____, _____ Sie glauben!
3. *(groß)* Der neue Global-Supermarkt hat ein _____ Angebot _____ andere Supermärkte.
4. *(interessant)* Im Salon „Figaro" bekommen Sie eine _____ Frisur, _____ Sie jemals vorher hatten!
5. *(breit / freundlich / gut)* Astra Airlines: Genießen Sie _____ Sitze, eine _____ Bedienung und _____ Unterhaltung, _____ Sie das von anderen Fluglinien kennen.
6. *(preiswert / schön)* Arnea-Möbelcenter: Hier finden Sie die _____ und _____ Küchen der ganzen Stadt!

8.   Positiv oder Komparativ? „so … wie …“ ⚖ oder „… als …“ ⚖ ?

1.   *(gut)* „Sag mal, stimmt es, dass Peter ⚖ _____ _____ Englisch spricht
     _____ sein Lehrer?"

2.   „Ich habe gehört, er spricht sogar noch ⚖ _____ _____ der Lehrer!"

3.   *(interessant)* „Anne, ist deine neue Stelle ⚖ _____ _____, _____ du
     gedacht hast?"

4.   „Sie ist sogar noch ⚖ _____, _____ ich gedacht habe."

5.   *(wenig / viel)* „Wie ist dein neues Auto? Verbraucht es ⚖ _____ _____
     Benzin, _____ der Verkäufer gesagt hat?

6.   Nein, leider nicht. Es verbraucht ⚖ _____ Benzin, _____ er gesagt hat."

9.   Finden Sie die Partizipien. Wie heißt der Infinitiv?

MNO
BEZAHLT
TERHTJOIGRN
MGEKAUFTLRETAEB
NEERZÄHLTGEGEGESSEN
UNTERHAFTBLVERLORENNGUE
GEWASCHENBERZEHLTERBFRAUGR
EAUFGERÄUMTBERITBESUCHTNTVERBIE
MITGEBRACHTMTGRNVERNANGEZOGENGENAVE
BERVERAUSGEGEBENSKERTGEFUNDENFR
ETULABELPERTVERDIENTTLERFRT
DISKUTIERTERBESTELLTGES
ENTSCHIEDENREOVERGE
BTGEFRAGTSETRDE
BEKOMMENTRU
EGETANR
ERF

1.   bezahlt – bezahlen
2.   zählt – zahlen
3.   gegeben – geben
4.   diskutiert – diskutieren
5.   bestellt – bestellen
6.   entschieden – entscheiden
7.   gefragt – fragen
8.   getan – tun
9.   verdient – verdienen
10. gefunden – finden
11. mitgebracht – mitbringen
12. aufgeräumt – aufräumen
13. gewaschen – waschen
14. verloren – verlieren
15. gekauft – kaufen
16. stark.
17. _____
18. _____
19. _____

10. Ergänzen Sie.

ich	*werde*	gesehen
du	_____	gesehen
er / sie / es	_____	gesehen
wir	_____	gesehen
ihr	_____	gesehen
sie / Sie	_____	gesehen

> **Passiv**
> Wie **wird** Salat **gemacht**?
>
> **Funktion:** Die **Aktion** ist wichtiger, die
> Person ist nicht so wichtig.
>
> **Form:** „werden" + Partizip II

11. Rezepte

a) Lesen sie das Rezept.

Grüner Salat

Zutaten: 1 Kopfsalat
½ Zwiebel
3 Esslöffel Olivenöl, 3 Esslöffel Essig
Salz und Pfeffer

Zuerst wird der Salat gründlich gewaschen und ge-
trocknet. Die Zwiebel wird in feine Scheiben geschnitten. Das Olivenöl und der Essig werden mit Salz und
Pfeffer verrührt. Vor dem Servieren wird der Salat mit
der Salatsoße vermischt. Guten Appetit!

So werden Rezepte auch oft geschrieben:

*Zuerst den Salat gründlich waschen und
trocknen.
Dann die Zwiebel in feine Scheiben
schneiden. Das Olivenöl und der
Essig mit Salz und Pfeffer verrühren.
Vor dem Servieren den Salat
mit Salatsoße vermischen*

b) Kochen Sie jetzt Knoblauch-Spaghetti.

Knoblauch-Spaghetti

Zutaten: 375 g Spaghetti
Salz
4 Knoblauchzehen
3 Esslöffel Öl
100 g Butter
Parmesankäse

Zuerst die Spaghetti in Salzwasser mit dem Öl kochen
und dann in eine große Schüssel geben. Den Knoblauch in kleine Stücke schneiden und dann etwa 1 Minute in der Butter braten. Die Knoblauchbutter über die
Spaghetti geben. Den Parmesankäse darüber streuen.

Schreiben Sie das Rezept im Passiv.

*Zuerst werden die Spaghetti mit dem Öl
gekocht und dann werden
in eine große Schüssel gegeben.
Der Knoblauch wird in kleinen
Stücken geschnitten und dann werden
etwas 1 Minute in der Butter
gebraten. Die Knoblauchbutter
wird über die Spaghetti gegeben.
Der Parmesankäse werden darüber
gestreut.*

12. Was passt zusammen? Bilden Sie Sätze.

Reifen
Auto   Bremsen
Suppe
Rechnung   Tisch
Bericht
Problem   Abendessen

vorbereiten   bezahlen
reservieren
schreiben   montieren
lösen   reparieren
kochen
prüfen

1. *Die Reifen werden montiert.*
2. _____
3. _____
4. _____
5. _____
6. _____
7. _____
8. _____
9. _____

13. Finden Sie das richtige Verb und ergänzen Sie das Partizip.

abschicken   bringen   renovieren   liefern   operieren   waschen   schließen   reparieren

1. Der Patient _____wird_____ gerade _____operiert_____ .
2. Zuerst _____wird_____ der Salat _____gewaschen_____ .
3. Wann _____werden_____ die Briefe _____abgeschickt_____ ?
4. Heute _____wird_____ das Auto endlich _____repariert_____ .
5. Die Brötchen _____werden_____ morgens um 7 Uhr zu Ihrer Haustür _____geliefert_____ .
6. Das Schwimmbad _____wird_____ am 1. September für den Winter _____geschlossen_____ .
7. Wann _____wird_____ deine Wohnung endlich _____renoviert_____ ?
8. Martina _____wird_____ immer von ihrem Vater in die Schule _____gebracht_____ .

* the subject of the verb has something done to it.

the car was bought

Das Auto wurde gekauft.

14. Alle helfen im Haushalt. Von wem wird was gemacht?

	Vater	Mutter	Susi	Florian
1. Katze füttern			✗	
2. Lebensmittel einkaufen				✗
3. Fenster putzen		✗		
4. Auto waschen				✗
5. Wohnung aufräumen	✗			
6. Mittagessen kochen		✗		
7. Betten machen			✗	
8. Hemden bügeln		✗		
9. Geschirr spülen	✗			

1. *Die Katze wird von Susi gefüttert.*

15. Funktionen von „werden".

1 **„werden" als Vollverb**	2 **„werden" + Partizip II** **= Passiv** (sein)	3 **„werden" + Infinitiv** **= Intention, Futur**
become Peter wird Arzt.	is Das Auto wird repariert.	Wirst du das Auto kaufen?

Ordnen Sie die Sätze. Gehört „werden" zu 1, 2 oder 3?

1. wird ▪ um 9 Uhr ▪ geschlossen ▪ abends ▪ die Bibliothek ▪ . 2.
2. wir ▪ eingeladen ▪ oft ▪ zum Abendessen ▪ von unserem Chef ▪ werden ▪ . 1. (2)
3. nie ▪ den schönen Urlaub ▪ ich ▪ vergessen ▪ werde ▪ . 3
4. wollte ▪ als Kind ▪ ich ▪ werden ▪ gern ▪ Bauer ▪ . 1.
5. in Deutschland ▪ viel ▪ wird ▪ getrunken ▪ Wurst ▪ Bier ▪ gegessen ▪ und ▪ . 2
6. du ▪ ziehen ▪ wirklich ▪ nach München ▪ wirst ▪ ? 3
7. Kinder ▪ in die Schule ▪ normalerweise ▪ geschickt ▪ mit sechs Jahren ▪ werden ▪ . 2
8. dieses Jahr ▪ wann ▪ Sie ▪ in Urlaub ▪ werden ▪ fahren ▪ ? 3.

1. Menschen

a) Wie nennt man sie?

	allgemein	Geschwister	Eltern	Großeltern	Onkel / Tante
Nina Heinen (6)	*Mädchen*				
Bruno Heinen (8)			*Sohn*		

b) Wer könnte das sein?

Monika Heinen, geb. Schmitz (38): _____

Helene Schmitz, geb. Reh (73): _____

Walter Heinen (40): *Ninas und Brunos Vater* _____

Michael Schmitz (41): _____

Wilhelm Schmitz (80): _____

Ulrike Schmitz, geb. Kalb (35): _____

2. Welche Adjektive passen?

glücklich   ledig   traurig   überzeugt   verheiratet   spät   unmöglich   beruflich

1. Hans-Peter hat lange allein gelebt. Aber seit einem Jahr ist er _____.

2. Seine Schwester Karla ist vierzig und immer noch _____.

3. Sie ist _____, dass die meisten Männer _____ sind.

4. Außerdem ist sie _____ sehr aktiv, deshalb hat sie wenig Zeit für eine Familie.

5. Karlas Mutter ist sehr _____ darüber. Sie glaubt, dass es für Karla zu _____ ist zu heiraten.

6. Karla sagt dazu: „Das ist doch Quatsch! Die Ehe macht auch nicht _____!"

3. **Familie Müller ist in eine andere Stadt gezogen. Was ist schwierig in der fremden Stadt und was ist interessant?**

> viele neue Kollegen kennen lernen   den Weg zur Schule finden
>
> in der Stadt einkaufen gehen   neue Bekannte treffen   am Fluss spazieren gehen
>
> Freunde aus der alten Stadt einladen   Oma am Nachmittag besuchen   eine Arbeit suchen
>
> Parkplatz in der Nähe des Büros finden   in die neue Wohnung umziehen …

Für Herrn Müller ist es schwierig, _____

Aber es ist interessant für ihn, *viele neue Kollegen kennen zu lernen.*

…

Für Frau Müller _____

_____

…

Für Beate _____

_____

…

Infinitivsatz mit „zu"	Nebensatz mit „dass"
Ich hoffe: **Ich** sehe dich wieder. **Ich** hoffe dich wieder**zu**sehen.	**Ich** hoffe: **Meine Mutter** wird bald gesund. **Ich** hoffe, **dass meine Mutter** bald gesund wird.
Ich lade **dich** ein: **Du** besuchst mich. **Ich** lade **dich** ein mich **zu** besuchen.	**Ich** bin gücklich: **Du** besuchst mich. **Ich** bin glücklich, **dass du** mich besuchst.

4. **Kombinieren Sie.**

1. Peter hat keine Lust
2. Frau Meier versteht nicht
3. Findest du auch
4. Es ist langweilig
5. Mark hilft seiner Freundin
6. Hast du schon wieder vergessen
7. Mein Mann vergisst immer
8. Petra versucht schon lange
9. Bitte denk daran
10. Meine Mutter ist der Meinung

a) ihr Auto zu reparieren
b) etwas schlanker zu werden
c) das Radio auszumachen
d) mich morgen um 7 Uhr zu wecken
e) dass man für den Computer kein Tippex braucht
f) mir am Hochzeitstag Blumen zu kaufen
g) dass mein Freund und ich heiraten sollen
h) heute Abend vorbeizukommen
i) dass ich hässlich bin
j) jeden Abend fernzusehen

5. Ansichten

a) Frau Ihde ist sehr konservativ. Was denkt sie?

Es ist unmöglich …
Es ist wichtig …
Ich bin dagegen …
Ich bin der Meinung …

junge Leute:
– zu viel Freiheit haben
– in der Disco den Partner fürs Leben finden
– auf dem Marktplatz Skateboard fahren
– mehr für die Schule arbeiten
– immer tun, was die Eltern sagen
– sich nur für Popstars interessieren

b) Britta ist siebzehn. Was denkt sie?

Es macht Spaß …
Es ist unmöglich …
Ich bin der Meinung …

– alle Leute über dreißig sind total langweilig
– mit vielen Männern flirten
– mit 18 Jahren heiraten
– Erwachsene verstehen Jugendliche nie
– laute Popmusik hören
– mit älteren Leuten diskutieren

6. Welche Erklärung passt?

1. Rechnung
2. Ausbildung
3. neugierig
4. Gespräch
5. Erziehung
6. anstrengend
7. Kredit
8. Prospekt

a) Etwas macht sehr müde.
b) Er gibt Informationen.
c) Man muss sie für Waren oder Reparaturen bezahlen.
d) Man braucht ihn, wenn man nicht genug Geld hat.
e) Sie bereitet auf den Beruf vor.
f) Zwei oder mehrere Personen unterhalten sich.
g) Eltern geben sie ihren Kindern.
h) Jemand möchte immer alles genau wissen.

7. Das erzählt Peter seinem Freund. Schreiben Sie diese Geschichte und benutzen sie das Präteritum.

„Heute Morgen hatte ich richtig Stress. Ich bin um 7.30 Uhr aufgestanden, weil ich um 8.30 Uhr am Flughafen sein musste. Ich habe schnell gefrühstückt und dann ein Taxi bestellt. Aber das Taxi ist nicht gekommen. Im Radio habe ich dann gehört, dass auf der A1 ein großer Verkehrsstau war. Da habe ich meine Tochter angerufen. Sie ist sofort gekommen und hat mich mit dem Auto zum Flughafen gebracht. Aber die Fahrt hat sehr lange gedauert, obwohl wir einen anderen Weg gefahren sind. Dann haben wir erst keinen Parkplatz gefunden. Die ganze Zeit habe ich gedacht, dass ich den Flug verpassen würde. Doch als wir endlich am Schalter waren, haben wir gelacht: Der Flug war zwei Stunden verspätet!"

Peter hatte heute Morgen richtig Stress. Er stand um 7.30 Uhr auf, weil …

8. Ergänzen Sie die Sätze.

Frank und Ulrike Richter sind seit dreißig Jahren verheiratet. Sie _____ sich _____, als Frank   sich kennen lernen

noch ein Student _____. In den Semesterferien   sein

_____ er immer in der Firma von Ulrikes   arbeiten

Vater. Als Frank Ulrike zum ersten Mal zum Abend-

essen _____, _____ sein Auto   einladen

unterwegs _____. Obwohl sie den weiten   kaputtgehen

Weg in die Stadt im Regen laufen _____,   müssen

_____ Ulrike das lustig und _____ darüber.   finden / lachen

Da _____ Frank: Das ist die richtige Frau für   denken

mich, die hat Humor!

Als Frank mit dem Studium fertig war, _____ er   heiraten

sie. In den ersten vier Jahren ihrer Ehe _____   gehen

Ulrike noch arbeiten, später _____ sie zwei   bekommen

Töchter und _____ mit der Arbeit _____.   aufhören

9. Schreiben Sie die Geschichte dieses Paares:

Christine und Friedrich Bork / treffen /   _____
auf der Universität •   _____
beide / Sprachen studieren •   _____
im nächsten Sommer / zusammen nach   _____
Frankreich in Urlaub fahren •   _____
1974 Friedrich / Examen machen •   _____
Christine / ein Kind bekommen / mit dem   _____
Studium aufhören / heiraten •   _____
Sohn zehn Jahre alt / Christine / Arbeit als   _____
Sekretärin anfangen •   _____
letztes Jahr / 25. Hochzeitstag feiern •   _____

10. Frau Karlson ist sehr unzufrieden mit ihrem Sohn.

Sie sagt:

immer schon wieder ~~mal~~	sich unterhalten helfen aufräumen
selten nie regelmäßig fast nie	spielen machen ~~aufpassen~~
endlich nie	entschuldigen streiten

1. ___*Pass*___ doch bitte ___*mal*___ auf deine kleine Schwester ___*auf*___!
2. Hast du _____ vergessen, dein Zimmer _____?
3. Du _____ _____ mit deiner kleinen Schwester!
4. Wann fängst du _____ an, deine Hausaufgaben _____ _____?
5. Warum _____ du dich _____, wenn du zu spät kommst?
6. Du _____ mir zu _____ bei der Hausarbeit!
7. Warum _____ du dich _____ mit mir?
8. Du _____ dich _____ mit deinem Bruder!

11. War Franz ein Wunderkind oder nicht?

Wie ist die richtige Reihenfolge?

1. Als Franz 4 Monate alt war,	a) fanden ihn alle Frauen interessant.
2. Als er seinen ersten Geburtstag feierte,	b) kam er aufs Gymnasium.
3. Als er vier Jahre alt wurde,	c) lernte er lesen und schreiben.
4. Als er in die Schule kam,	d) bekam er den ersten Zahn.
5. Als er mit der Grundschule fertig war,	e) sprach er sehr gut Englisch und Französisch.
6. Als er fünfzehn war,	f) ging er in den Kindergarten.
7. Als er Abitur machte,	g) konnte er schon „Mama" sagen.
8. Als er anfing zu studieren,	h) verliebte er sich in seine Musiklehrerin.

12. Verbinden Sie die Sätze zu einem Brief.

Benutzen Sie diese Konnektoren:

deshalb	dass	obwohl	weil	aber	wenn	als	denn

Liebe Sui Mai,

1. Ich habe dir schon lange nicht mehr geschrieben.
   Es tut mir Leid.
2. Ich hatte sehr wenig Zeit, Briefe zu schreiben.
   Im Juli waren die Abiturprüfungen.
3. Ich habe vorher sehr viel gelernt.
   Meine Noten waren nicht sehr gut.
   Ich kann nicht Medizin studieren.
4. Man möchte in Deutschland Medizin studieren:
   Man muss sehr gute Abiturnoten haben.
5. Ich war jünger:
   Ich wollte unbedingt Ärztin werden.
6. Aber eigentlich bin ich nicht traurig.
   Jetzt interessiere ich mich auch für andere Berufe.
7. Ich bekomme eine Stelle in der Bank:
   Dann studiere ich nicht.
8. Du hast geschrieben:
   Du studierst schon seit zwei Jahren.
9. Ich würde mich freuen:
   Du erzählst mir mehr darüber.

   Herzliche Grüße, Michaela

1. Ergänzen Sie die Antwort.

Schnee	es ist kühl	es ist heiß / feucht	Schnupfen	es ist neblig
	Wetterbericht	es regnet	es ist kalt	Süden

1. Gehen wir heute baden?

   Dazu _____ _____ wirklich zu _____.

2. Nimm einen Regenschirm mit!

   Warum? _____ _____ denn schon wieder?

3. Fahr langsam! Du kannst doch nichts sehen!

   _____ _____ wirklich furchtbar _____!

4. Fahren wir am Wochenende an den Strand?

   Mal sehen. Ich will erst den _____ lesen.

5. Wie ist das Klima bei euch in Indonesien?

   _____ _____ das ganze Jahr _____ und _____.

6. Wie war dein Skiurlaub?

   Nicht besonders. Es gab zu wenig _____.

7. Ich mache immer Urlaub an der Nordsee.

   Wirklich? Da _____ _____ mir zu _____, ich fahre lieber

   in den _____.

8. Fernando gefällt es in Deutschland nicht.

   Ja, bei dem Klima hat er immer _____.

2. Was würden Sie tun?

alle meine Kleider ausziehen		in einem ~~Haus am~~ Meer leben
keine Gartenparty machen	neue Skier kaufen	nach China fahren
jeden Tag wandern gehen	segeln gehen	mit dir Tennis spielen

1. Wenn es nicht so regnen würde, würde _____

2. Wenn es ein Gewitter geben würde, _____

3. Wenn ich ein Haus im Gebirge hätte, _____

4. Wenn es heiß wäre, _____

5. Wenn ich sieben Wochen Urlaub hätte, _____

6. Wenn der Wind stärker wäre, _____

7. Wenn es schneien würde, _____

8. Wenn ich mehr Geld hätte, *würde ich in einem Haus am Meer leben.* _____

3. Finden Sie die Fragen.

„wann?", „wie oft?", „wie lange?"

1. *Wann isst du immer zu Mittag?* _____
   Ich esse normalerweise um ein Uhr zu Mittag.

2. _____
   Herr und Frau Biedermann sind seit fünfzehn Jahren verheiratet.

3. _____
   Wahrscheinlich bringt Karsten das Auto morgen Mittag in die Werkstatt.

4. _____
   Wir fahren jedes Jahr dreimal in den Schwarzwald.

5. _____
   Petra war vorige Woche beim Arzt.

6. _____
   Diesen Sommer gab es nur wenige Wochen schönes Wetter.

7. _____
   Martina fängt nächstes Jahr ihre Ausbildung an.

8. _____
   Wir gehen jede Woche zum Gymnastikkurs.

9. _____
   Ich habe viel Arbeit, aber ich komme dich übermorgen Abend besuchen.

10. _____
   Familie Schmitz macht dieses Jahr nur zwei Wochen Urlaub in Italien.

4. Welche Definition passt?

1. Pizza ist ein Gericht,
   a) das sehr gesund ist.
   b) das man zum Frühstück isst.
   c) das aus Italien kommt.

2. Limonade ist ein Getränk,
   a) das sehr süß ist.
   b) in dem viel Alkohol ist.
   c) das Babys trinken.

3. Sommer ist eine Jahreszeit,

a) in der man Ski fährt.
b) in der viele Leute in Urlaub fahren.
c) in der viele Leute Schnupfen bekommen.

4. Deutschland ist ein Land,

a) das Grenzen mit fünf anderen Ländern hat.
b) das im Norden und Süden flach ist.
c) in dem es viele Wälder gibt.

5. Der Schwarzwald ist eine Landschaft,

a) die viele Touristen besuchen.
b) in der es keine Berge gibt.
c) die an der Grenze nach Österreich liegt.

6. Stuttgart ist eine Stadt,

a) die im Südosten Deutschlands liegt.
b) in der ein bekanntes Auto hergestellt wird.
c) in der zwei Millionen Menschen leben.

7. Der Hunsrück ist ein Gebirge,

a) das am Bodensee liegt.
b) durch das der Rhein fließt.
c) das an der Grenze nach Frankreich liegt.

8. Ein Bungalow ist ein Haus,

a) das nur eine Etage hat.
b) das einen Swimmingpool im Keller hat.
c) in dem es mehrere Wohnungen gibt.

5. Artikel – Relativpronomen

a) Ergänzen Sie:

	maskulinum	femininum	neutrum	Plural
Nom	der = der			
Akk		die = die	das = das	die = die
Gen	des ≠ dessen (!)	der ≠ (!)		der ≠ deren (!)
Dat	dem = dem			den ≠ (!)

b) Popstar Ingo singt Liebeslieder. Was sagt er in ihnen?

1. Du bist die Frau: ich möchte ihr mein Leben geben.
   Du bist die Frau, der ich mein Leben geben möchte.

2. Du bist der Traum: Ich habe lange auf ihn gewartet.

_____

3. Du hast Haare: Sie sehen wie Gold aus.

_____

4. Du hast Augen: Ich muss immer an sie denken.

_____

5. Du bist der Mensch: Ich möchte immer bei ihm sein.

_____

6. Du bist die Frau: Ich gehöre zu ihr.

_____

7. Du bist die Frau: Ihre Schönheit liebe ich.

_____

6.   Unterstreichen Sie die richtige Antwort.

Beispiel: über das
Ich habe ein großes Problem,   von dem   ich gern mit dir sprechen würde.
                                           das

1. Anne sucht einen Mann,   mit dem
                                   den   sie jeden Abend in die Disco gehen kann.
                                   für den

2. Markus möchte ein Auto,   das
                                   für das   er nicht so viel Geld bezahlen muss.
                                   dem

3. Frau Hübsch trägt nur Kleider,   deren
                                       denen   mindestens 1000 DM kosten.
                                       die

4. Karl mag keine Frauen,   die
                                   mit denen   er immer zum Essen einladen muss.
                                   für die

5. Ich kenne leider nur Männer,   mit denen
                                       die   schon verheiratet sind.
                                       dessen

6. Da drüben steht die Lehrerin,

von der
der
bei der

   du dich entschuldigen musst.

7. Hast du das Buch gelesen,

darüber
über das
über dem

   so viel diskutiert wird?

8. Das ist der Mechaniker,

von dem
bei dem
durch den

   unser Auto repariert wird.

7. Bilden Sie Relativsätze.

Beispiel: Das sind Herr und Frau Müller. Ihr Hund ist weggelaufen.

> *Das sind Herr und Frau Müller, deren Hund weggelaufen ist.*

1. Das ist Cornelia. *Ihre* Wohnung ist zu vermieten.

   Das ist Cornelia,

2. Das ist Mr. Short. Bei *ihm* habe ich Englischunterricht.

3. Kennst du die Kinder? *Sie* haben ihre Eltern bei einem Unfall verloren.

4. Kennen Sie auch diese Kinder? *Ihr* Vater ist ein berühmter Schauspieler.

5. Das ist der Sohn meines Nachbarn. *Ihm* habe ich schon oft bei den Hausaufgaben geholfen.

6. Das sind Emma und Walter Barth. *Ihnen* habe ich mein Auto verkauft.

7. Das ist Frau Bartel. *Mit ihr* war ich im Skiurlaub.

8. Wie heißt der Schauspieler? *Für ihn* interessieren sich alle Frauen.

8. Was passt?

1. Abfälle sollten   sortiert   werden.
                        produziert
                        konsumiert

2. Gartenabfälle sollte man in   den Sammelcontainer   werfen.
                                    die Biotonne
                                    einen Sack

3. Altpapier wird zu Hause   gesammelt.
                              verbrannt.
                              weggeworfen.

4. Lebensmittel sollten ohne viel   Restmüll
                                    Kunststoff   gekauft werden.
                                    Verpackung

5. Wenn man ein Fest feiert, sollte man   kein Altpapier
                                                kein Plastikgeschirr   verwenden.
                                                  keine Flaschen

6. Wenn Kunststoffe verbrannt werden, können   Gifte
                                                   Energien   entstehen.
                                                   Filter

7. In Deutschland werden pro Jahr viele Millionen   Container
                                                     Mülltonnen   Abfälle produziert.
                                                     Tonnen

8. Alle Getränke sollte man in   Plastikbechern
                                 Dosen   kaufen.
                                 Pfandflaschen

9. Erklären Sie diese Wörter:

	Teil 1			Teil 2	
	Verb	Nomen	Bindungs-s/n	Verb	Nomen
1. Lebenslauf		✗	✗	✗	
2. Wohnort					
3. Haushaltsgeld					
4. Arbeitnehmer					
5. Straßenkünstler					
6. Kaufhaus					
7. Zahnarzt					
8. Arbeitszeit					

s Leben   *laufen* _____ _____ _____

_____ _____ _____ _____

_____ _____ _____ _____

_____ _____ _____ _____

10. Welche Adjektive passen?

Schreiben Sie.

> unfreundlich   warm   schwach   niedrig   europäisch   fantastisch
> gefährlich   feucht   günstig   breit   schlecht   stark   hoch   sonnig

1. Land   *ein europäisches Land*
2. Monat _____
3. Temperatur   *die* _____
4. Qualität _____
5. Wetter _____
6. Wind _____
7. Straße _____
8. Preis _____

11. Ein Reporter macht ein Interview mit Filmstar Blonda.

Was antwortet sie?

jeden Tag	gegen Mittag	nie	in drei Tagen	fünf Monate	viermal
nächsten Monat	ein Jahr	vor sechs Jahren	sieben Wochen		

1. Wann fing Ihre Karriere an?_____
2. Wie lange haben Sie in Hollywood gelebt?_____
3. Wann erscheint Ihr neuester Film?_____
4. Wie oft waren Sie schon verheiratet?_____
5. Wie lange sind Sie schon mit Ihrem Regisseur verheiratet? _____
6. Wann kommt Ihr Mann aus den USA zurück?_____
7. Wie oft machen Sie Hausarbeit?_____
8. Wann stehen Sie normalerweise auf? _____
9. Wie lange machen Sie im Sommer Urlaub?_____
10. Wie oft gehen Sie zum Friseur?_____

12. Blondas Leben

Wie war die Reihenfolge?

20 Jahre alt / ersten Mann kennen lernen
mit der Arbeit aufhören wollen / sich Kinder wünschen
mit achtzehn / kleine Rolle in einem Spielfilm bekommen
sehr früh / mit der Schule aufhören
mit ihrem Mann / nach Hollywood ziehen
letztes Jahr / einen bekannten Regisseur heiraten
Schule / immer schlechte Noten
nach Deutschland zurückkehren / eine große Villa kaufen
berühmter Fimstar werden / sich scheiden lassen
sich sehr für Filme interessieren / sich bei einem Filmstudio bewerben

Erzählen Sie jetzt Blondas Geschichte.

In der Schule hatte Blonda immer schlechte Noten. Deshalb hörte sie sehr früh . . .

Als sie . . .

1. Familie Schmitz plant ihren Urlaub.

Aber sie haben verschiedene Wünsche.

Herr Schmitz möchte auf die Insel Sylt.

Er freut sich darauf,

a) *am Strand zu liegen. ...*

b) *dass ...*

> am Strand spazieren gehen
>
> die Fischer laden ihn zu einer Bootsfahrt ein
>
> man kann dort jeden Tag frischen Fisch essen
>
> ~~am Strand liegen~~   im Straßencafe sitzen

Frau Schmitz möchte lieber in die Eifel.

Sie freut sich darauf,

a) ...

b) ...

> es gibt dort herrliche Wanderwege
>
> auf einem Bauernhof wohnen
>
> im See schwimmen gehen
>
> über die Grenze nach Luxemburg fahren   ...?

Jan Schmitz möchte nach Spanien.

Er träumt davon,

> interessante Leute wohnen in seinem Hotel
>
> jeden Tag surfen gehen
>
> schöne Spanierinnen flirten mit ihm
>
> nachts in Discos tanzen   ...?

2. Drei Wörter passen. Welche sind das?

a) 1. Pass   2. Landschaft   3. Zuhause   4. Schwierigkeit   5. Unglück   6. Gefühl

_____ Pech   _*Pass*_____ Ausweis   _____ Heimat

b) 1. Nachbar   2. Neffe   3. Jugendlicher   4. Betrieb   5. Bericht   6. Urlaub

_____ Ferien   _____ Verwandter   _____ Firma

c) 1. aussuchen   2. aufpassen   3. beginnen   4. erfinden   5. korrigieren   6. herstellen

_____ anfangen   _____ produzieren   _____ wählen

d) 1. meinen   2. hoffen   3. erkennen   4. gebrauchen   5. besorgen   6. erklären

_____ erledigen   _____ glauben   _____ verwenden

e) 1. dauernd   2. immer   3. oft   4. früher   5. völlig   6. gleichzeitig

_____ ganz   _____ damals   _____ häufig

3. Frau Kuhn streitet sich mit dem Vermieter über das Ferienhaus, das sie gemietet hat.

Ergänzen Sie: „sowohl … als auch …", „weder … noch …", „zwar … aber …",
„entweder … oder …".

1. Frau Kunze: „Im Katalog steht das ganz anders! Das Haus hat _____ einen Garten

   _____ eine Terrasse!"

2. Vermieter: „Es gibt _____ keinen Garten, _____ Sie haben doch den

   Balkon. Außerdem sind es nur zehn Minuten zum Strand."

3. Frau Kunze: „Im Katalog steht, das Haus liegt direkt am Strand! Und in der Küche funktio-

   niert nichts. _____ die Waschmaschine _____ der Herd sind kaputt."

4. Vermieter: „Das glaube ich nicht. Die Waschmaschine ist ganz neu. _____ haben

   Sie sie kaputtgemacht, _____ Sie wissen nicht, wie sie funktioniert!"

5. Frau Kunze: „Natürlich weiß ich, wie eine Waschmaschine funktioniert. Jetzt kann ich

   _____ waschen _____ kochen! Und das mit meiner großen Familie!

6. Aber es gibt noch ein anderes Problem: Wir haben geglaubt, dass das Haus viel größer ist.

   Es hat _____ drei Zimmer, _____ sie sind winzig klein! Nirgendwo ist Platz

   zum Spielen für meine Kinder!

7. „_____ geben Sie uns die halbe Miete zurück, _____ wir ziehen aus!"

4. Warum verlassen Leute ihre Heimat? Kombinieren Sie.

1. Deutsche Geschäftsleute gehen ins Ausland,	a) um die Sprache besser zu lernen.
2. Manche Abiturienten gehen ins Ausland,	b) damit sie eine bessere Ausbildung bekommen.
3. Viele Leute gehen aus armen Ländern weg,	
4. Manche Familien schicken ihre Kinder ins Ausland,	c) weil ihre Firmen dort produzieren lassen.
	d) weil dort Krieg ist.
5. Studenten gehen oft ins Ausland,	e) um als Au-Pair-Mädchen in Familien zu arbeiten.
6. Leute fliehen aus ihrem Land,	
7. Manche Leute wollen aus ihrem Heimatland weggehen,	f) weil sie ihre Stelle und Wohnung nicht verlieren wollen.
8. Viele Menschen möchten nicht auswandern,	g) weil sie es dort zu langweilig finden.
	h) um ein besseres Leben zu haben.

5. Verbinden Sie mit „um ... zu", „damit", „weil".

1. Herr und Frau Menzen haben ihr Auto verkauft,   Herr Menzen ist arbeitslos.

_____

2. Die Familie hat große finanzielle Probleme,   sich bei Firmen vorstellen.

_____

3. Sie haben im Moment gerade genug Geld,   das Geld für Versicherung, Steuer und Benzin sparen.

_____

4. Vor vier Jahren sind die Menzens aufs Land gezogen,   die Kinder waren noch sehr klein.

_____

5. Jetzt muss Herr Menzen häufig in die Stadt,   in die Stadt kommen.

_____

6. Aber ohne Auto braucht er fast zwei Stunden,   die Kinder bekommen Winterkleidung und neue Schuhe.

_____

7. Frau Menzen hat ihre Stelle vor einigen   die Kinder im Grünen aufwachsen.
Jahren aufgegeben,

8. Sie arbeitet jetzt stundenweise in einem   die Miete und Lebensmittel bezahlen.
Supermarkt und spart jeden Pfennig,

6. Sie sind in einer fremden Stadt und haben viele Fragen.

Entschuldigung, könnten Sie mir bitte sagen / erklären / zeigen, …

wo wie wann wohin	Geld wechseln dieser Bus / fahren die Touristeninformation? zum Rathaus / kommen der Zug nach Köln / abfahren Schuhe reparieren lassen die Sprachschule / aufmachen am schnellsten zum Bahnhof / kommen Uhrzeit?

1. *Entschuldigung, könnten Sie mir bitte sagen, wo ich Geld wechseln kann?*
2. *…*

7. Sunexpress

Das Reisebüro Sunexpress organisiert Gruppenreisen nach Mallorca. Vor kurzem ist dort ein neues Hotel eröffnet worden. Das Reisebüro schickt ein Telefax mit einigen Fragen.

Schreiben Sie das ganze Telefax.

Sehr geehrte Damen und Herren,

wir sind sehr daran interessiert, in Zukunft Reisegruppen in Ihrem Hotel unterzubringen. Wir möchten Sie jedoch noch um einige Informationen bitten.

Sie haben uns noch nicht mitgeteilt, …
Wir sind nicht sicher, …
Unsere Kunden möchten wissen,   …
Bitte informieren Sie uns darüber, …
Wir möchten auch gern wissen, …

Um wie viel Uhr wird das Frühstück serviert?
Gibt es im Herbst Sonderpreise?
Wie weit ist das Hotel vom Strand entfernt?
Kann ein Extrabett in die Doppelzimmer gestellt werden?
Werden Gerichte für Vegetarier angeboten?
Welches Unterhaltungsprogramm gibt es für Kinder?
Wie viele deutschsprachige Angestellte arbeiten im Hotel?
Hat jedes Zimmer ein eigenes Bad?

8. Was ist das?

Beispiel: Zahnbürste   *Das ist eine Bürste, mit der man die Zähne putzt.*

1. Weinglas   *aus dem*
2. Fotoapparat
3. Taschentuch
4. Kaffeetasse
5. Suppenlöffel
6. Waschmaschine
7. Glascontainer   *in dem   sammelt.*
8. Bücherregal

9. Eva fährt mit Freunden in eine Jugendherberge nach Bayern.

Warum packt sie diese Sachen ein?

Postkarten schreiben   Freunde anrufen   einschlafen können   Musik hören   nachts das Badezimmer finden   wandern gehen   bei schönem Wetter schwimmen   abends ausgehen

Beispiel: Sportschuhe   *Die braucht sie, um wandern zu gehen.*

1. Teddybär
2. Walkman
3. Adressbuch
4. das rote Kleid
5. Taschenlampe
6. Bikini
7. Kugelschreiber

10. Welche Nomen passen?

Essen	Termin	Urlaub	Fahrkarten	Reise	Wein	Führerschein
Zeitung	Kredit	Hotelzimmer	Ausweis	Fahrplan	Taxi	Abitur
Tisch	Frühstück	Visum	Reiseführer	~~Pass~~	Ferien	

1. reservieren _____
2. beantragen *einen Pass,* _____
3. bestellen _____
4. buchen _____
5. besorgen _____
6. machen _____

11. Jan Schmidt, 17, ist faul und verwöhnt. Er macht nichts selbst.

Sagen sie das anders:

1. Er lässt seine Hemden von seiner Mutter bügeln. *Seine Hemden werden von seiner Mutter gebügelt.*

2. Er lässt seinen Hund von seinem Vater versorgen. _____

3. Er lässt sein Zimmer von seiner kleinen Schwester aufräumen. _____

4. Er lässt sein Fahrrad von seinem Bruder reparieren. _____

5. Er lässt seine Hausaufgaben von einem Schulfreund machen. _____

6. Er lässt seine Schuhe von seiner großen Schwester putzen. _____

7. Er lässt seine Schultasche von seiner Oma packen. _____

12. Welchen Rat können Sie geben?

Vielleicht können Sie diese Ratschläge benutzen:

> weniger essen / eine Diät machen   nicht so viele Kleider kaufen
>
> einen zweiten Fernseher kaufen   in ein Reisebüro gehen   einmal offen mit ihm sprechen
>
> einen neuen Freund suchen   das hübsche blaue Kleid anziehen   umtauschen.

Vielleicht wissen Sie einen besseren Rat!

Beispiel: Ich habe immer Kopfschmerzen   *Vielleicht sollten Sie sich mal untersuchen lassen.*
                                             Vielleicht sollten Sie mal zum Arzt gehen.

1. Mein Freund hat mich verlassen.

2. Ich habe mir neue Schuhe gekauft,
   aber sie sind zu eng.

3. Ich habe immer Ärger mit meinem
   neuen Chef.

4. Mein Mann und ich streiten uns
   immer über das Fernsehprogramm.

5. Ich weiß nicht, wohin ich im Urlaub
   fahren soll.

6. Ich habe immer Geldprobleme.

7. Ich bin heute Abend eingeladen, aber
   ich weiß nicht, was ich anziehen soll.

8. Ich bin zu dick.

1. Nomen, Verben, Adjektive. Was passt?

a) Ordnen Sie zu:

verletzt	Fabrik	regieren	anstrengend	produzieren	Gesetz	Unfall
verunglücken	Lohn	Minister	streiken	demokratisch		Verbandszeug
kaputt	verdienen	passieren	liberal	Tote	Nation	Feuer	wählen
Notarzt	~~schwer~~	Krankenhaus	Firma	Nachtschicht		Katastrophe
Diktatur	Industrie	~~Koalition~~	kündigen	schlimm		Betrieb

Politik	*Unglück*	*Arbeit*
Nomen: *e Koalition*	Nomen:	Nomen:
Verb:	Verb:	Verb:
Adjektiv:	Adjektiv: *schwer*	Adjektiv: *schwer*

b) Ergänzen Sie.

1. In der Stahlindustrie _____ die Arbeiter schon wieder für höhere

   _____ .

2. Die _____ werden vom Bundeskanzler ernannt. Der Bundeskanzler wird

   von den Bundestagsabgeordneten _____ .

3. In der Poststraße ist ein schwerer _____ passiert. Es gibt zwei

   _____ und viele Verletzte.

4. Wenn zwei Parteien zusammen regieren, heißt das _____ .

5. Herr Frenzel arbeitet in einer _____ , in der Autoreifen produziert werden.

6. Er hat wenig Zeit für seine Familie, weil er immer _____ machen muss.

   Dafür bekommt er aber einen hohen _____ .

2. Negativ und positiv

a) Ein negativer Mensch: Was passt zusammen?

1. Er denkt nur	a) auf ein Gespräch mit seiner Frau.
2. Er kümmert sich fast nie	b) von seiner eigenen Meinung.
3. Er hat keine Zeit	c) vor intelligenten Frauen.
4. Er beschwert sich	d) an sich selbst.
5. Er ist unzufrieden	e) um seine Kinder.
6. Er hat Angst	f) über fast alles.
7. Er hat selten Lust	g) für andere Menschen.
8. Er ist immer überzeugt	h) mit seinem Leben.

b) Ein positiver Mensch: Beschreiben Sie ihn.

Er denkt nicht nur an sich selbst. Er . . .

3. Ergänzen Sie die Präpositionen und kreuzen Sie den richtigen Kasus an.

	Akk.	Dativ	Genitiv
1. Tim Kruse hatte _____ seiner Arbeit nie Erfolg.			
2. Zuerst hat er Chemie studiert, aber _____ seiner schlechten Noten hat er bald _____ dem Studium aufgehört.			
3. Dann hat er als Verkäufer _____ einer großen Autofirma gearbeitet.			
4. Aber _____ kurzer Zeit hat er Ärger mit dem Chef bekommen, weil er nicht genug Autos verkauft hat.			
5. Danach fand er lange keine Arbeit. _____ des Winters arbeitete er als Skilehrer in Österreich, aber das Geld reichte nicht _____ das ganze Jahr.			
6. Schließlich bekam er eine Stelle _____ der Post.			
7. Zuerst war er froh _____ die Stelle, aber bald ärgerte er sich darüber, dass er um 5 Uhr aufstehen musste.			
8. Bald kam er immer später _____ Arbeit, und man kündigte ihm.			
9. Jetzt arbeitet er als Kellner, aber das gefällt ihm auch nicht. Er ist _____ den langen Arbeitszeiten nicht zufrieden.			

4. Adjektivrätsel: Welches Wort finden sie in den dunklen Kästchen?

feucht	tot	leicht
berufstätig	schwer	
unmöglich	dankbar	
ideal	ausländisch	
ruhig	aktiv	billig

1 Das ist kein deutsches Auto. Es ist _____, aber ich weiß nicht, aus welchem Land es kommt.

2 Hast du Lust, segeln zu gehen? Das Wetter ist heute _____ zum Segeln!

3 Viele Leute finden es _____, dass es kurz vor Weihnachten einen Poststreik gibt.

4 Auf der Bornheimer Straße ist ein schlimmer Unfall passiert: Drei Menschen sind verletzt und der Fahrer des Autos ist _____.

5 Früher war mein Freund politisch sehr _____, aber jetzt hat er keine Zeit mehr für Politik.

6 Ein paar Jahre haben wir in der Innenstadt gewohnt, aber da war es sehr laut. Jetzt wohnen wir auf dem Land, da ist es ganz _____.

7 Die Ostberliner waren _____, weil sie im Westen so freundlich begrüßt wurden.

8 Seit Frau Schmidts Kinder in die Schule gehen, ist sie wieder _____.

9 Peter kauft seine Zigaretten immer im Flugzeug, weil sie dort sehr _____ sind.

10 Martin sucht eine neue Stelle. Seine Arbeit in der Fabrik ist sehr _____.

11 Viele Ausländer, die nach Deutschland kommen, finden das Leben dort nicht _____.

12 In den Tropen ist das Klima heiß und _____.

5. Stellen Sie die Fragen.

1. _Wie lange gab_

   Vierzig Jahre gab es zwei deutsche Staaten, die BRD und die DDR.

2. _____

   Zwischen den Bürgern der BRD und der DDR gab es lange keine Kontakte.

3. _____

   Durch die Ostpolitik Willy Brandts wurden die Kontakte zwischen der BRD und der DDR besser.

4. _____

   Aber die DDR-Bürger waren nicht zufrieden _mit dem Leben in der DDR._

5. _____

   Die meisten waren _gegen die Regierung._

6. _____

   Sie waren entäuscht _über die schlechte wirtschaftliche Situation._

6. Was passt?

1. Demokratie
2. Examen
3. Schloss
4. Psychologie
5. Abgeordneter
6. Demonstration
7. Apotheke
8. Werkstatt

a) Ein Gebäude, in dem Könige wohnen oder gewohnt haben.
b) Ein Platz, an dem Dinge produziert oder repariert werden.
c) Eine Person, die in das Parlament gewählt worden ist.
d) Ein Fach, das man auf der Universität studieren kann.
e) Ein politisches System, in dem die Bürger die Politik bestimmen.
f) Ein Geschäft, in dem man Medikamente kaufen kann.
g) Ein Treffen vom Menschen, die ihre Meinung zeigen wollen.
h) Eine Prüfung, die man am Ende einer Ausbildung macht.

7. Finden Sie das passende Wort und definieren Sie.

| Person   Gebäude   Platz |
| junger Mensch   Geschäft |
| Kleidungsstück   Ausweis |
| Geld |

| man / auf der Reise brauchen   man / verheiratet sein |
| Ausbildung machen   man / auf dem Kopf tragen |
| man / für die Arbeit bekommen |
| man / alles kaufen können   man / Sport treiben können |
| viele Stockwerke haben |

1. Hochhaus *ein Gebäude, das viele*
2. Gehalt
3. Lehrling
4. Pass
5. Ehepartner
6. Kaufhaus
7. Hut
8. Sportplatz

8. Frau Unmut macht alles anders. Schreiben Sie.

vor	ohne	über	wegen	während	für	außer

1. Wenn Frau Unmut ins Kino geht, nimmt sie immer ihren Hund mit.
   sie geht nicht
2. Bei der Arbeit spricht Frau Unmut mit keinem, nur mit dem Chef.
   sie spricht mit keinem
3. Alle Kollegen gehen in die Kantine, wenn sie Mittagspause haben, aber Frau Unmut bleibt im Büro.
   bleibt sie im Büro.
4. Die meisten Leute kaufen im Supermarkt ein.
   Frau Unmut kauft nur im Delikatessengeschäft ein, weil die Qualität gut ist und die Preise hoch sind.
   kauft sie nur im Delikatessengeschäft ein.
5. Wenn Frau Unmut um acht Uhr einen Termin hat, bleibt sie bis halb acht im Bett.
   sie steht nicht
6. Wenn Frau Unmut Gäste hat, macht sie ihnen nichts zu essen.
   sie kocht nicht

9. Was passt?

sein	weglaufen	empfehlen	streiken	überzeugt sein	vorschlagen
traurig sein	~~fordern~~	kommen	einverstanden sein	denken	sich ärgern
zufrieden sein	abholen	finden	enttäuscht sein	sich freuen	~~nennen~~
		glauben	demonstrieren		

1. eine Lösung *fordern, nennen* _____

2. an die Geschichte _____

3. von der Schule _____

4. gegen lange Arbeitszeiten _____

5. über das Ereignis _____

6. von einer Freundschaft _____

7. für mehr Erziehungsgeld _____

8. mit der Regierung _____

10. Ein Bürger aus der früheren DDR erzählt.

Ergänzen Sie.

aber	deshalb	danach	um … zu	später	obwohl	trotzdem	als	weil

1. _____ der Krieg aufhörte, war ich acht Jahre alt.

2. In Ostberlin war alles kaputt, _____ ging ich erst 1946 wieder in die Schule.

3. 1955 machte ich Abitur. _____ ich ein sehr gutes Abitur hatte, durfte ich nicht studieren, _____ ich zu einer katholischen Jugendgruppe gehörte.

4. Ich wollte damals in den Westen gehen, _____ studieren, _____ meine Mutter war sehr krank. _____ blieb ich zu Hause.

5. _____ hatte ich keine Möglichkeit mehr, aus der DDR wegzugehen. _____ mehr und mehr Menschen wegen der schlechten Wirtschaft die DDR verließen, wurden die Grenzen geschlossen. Viele Leute, die _____ versuchten, über die Grenze zu gehen, starben.

6. Ich musste eine Banklehre machen und arbeitete _____ in einer Bank. _____ sehr glücklich war ich nie: Ich mochte meinen Beruf nicht und war unzufrieden mit der Regierung.

11. Erklären Sie, was gemacht wird.

1. Krankenhaus / Patienten behandeln oder operieren
   In einem Krankenhaus werden Patienten behandelt oder operiert.

2. Metzgerei / Wurst und Fleisch verkaufen

3. Werkstatt / Autos oder Geräte …

4. Schuhfabrik / Schuhe …

5. Kino / Filme …

6. Reinigung / Kleidung …

7. Kiosk / Zeitungen und Zeitschriften …

8. Tankstelle / …

12. Was passt?

Unterstreichen Sie.

Beispiel: Das ist der Mann,   mit dem / auf den / in den   ich verliebt bin.

1. Das ist ein Thema,   über das / von das / davon   ich nicht sprechen möchte.

2. Peter und Renate sind Freunde,   denen / den / mit denen   ich alles erzählen kann.

3. Ich weiß noch nicht,   wo
                           wohin   wir am Wochenende fahren.
                           wonach

4. Paul fährt in die USA,   um
                             weil   sein Englisch zu verbessern.
                             damit

5. Karla überlegt,   warum
                      wofür   sie noch Weihnachtsgeschenke kaufen muss.
                      für wen

6. Ich gehe immer einkaufen,   weil
                                wenn   ich schlechte Laune habe.
                                als

7. Eva ist einsam. Sie hat keinen Menschen,   mit dem
                                               womit   sie reden kann.
                                               mit der

8. Hast du schon gehört? Frau Gross hat   nach
                                           seit   drei Tagen ein Baby bekommen .
                                           vor

1. Reflexive Verben

mit Akkusativ	mit Dativ
ich freue mich, ich ärgere mich, ich beschwere mich, ich wasche mich	a) bei Verben, die nur ein Dativobjekt haben können: (helfen): Ich kann mir nicht mehr helfen. b) bei Verben, die ein Akkusativ- und ein Dativobjekt haben: Dat. Akk. (ein Auto kaufen): Ich kaufe mir ein Auto.

a) Tragen Sie alle reflexiven Verben ein, die Sie kennen.

b) Machen Sie weitere Sätze.

1. (einen Film ansehen) _____

2. (eine Suppe kochen) _____

3. (Haare bürsten) _____

4. (Mittagessen machen) _____

5. (Nase putzen) _____

6. (Geld leihen) _____

2. Peter braucht Zeit.

Ein Freund fragt Peter: „Sag mal, warum stehst du denn immer schon um sechs Uhr auf? Du gehst doch erst um acht aus dem Haus!"

Peter antwortet: „Weißt du, ich brauche morgens einfach Zeit. …

Haare waschen	eine ~~Tasse trinken~~	~~duschen~~	Zeitung kaufen	anziehen

Frühstück machen   kämmen   abtrocknen   frühstücken und die ganze Zeitung lesen

~~Kaffee machen~~   Zähne putzen

Zuerst mache ich mir Kaffee, und trinke eine Tasse ganz gemütlich im Bett.
Dann dusche ich mich und …
Danach …
Später …

3. Wozu braucht man diese Dinge?

Brot schneiden	regnen	Zähne putzen	~~Haare~~	ohne Bargeld bezahlen	Nase putzen
Notizen machen		verreisen	Wörter nicht wissen	~~Campingurlaub~~	

Beispiele:

eine Bürste   *die braucht man, um sich die Haare zu bürsten.*

ein Zelt   *das braucht man, wenn man Campingurlaub macht.*

1. ein Messer   _____
2. Zettel   _____
3. Zahnpasta   _____
4. Schirm   _____
5. Koffer   _____
6. Taschentuch   _____
7. Wörterbuch   _____
8. Kreditkarte   _____

4. Frau Frei muss früh aus dem Haus.

Sie schreibt ihrer neunjährigen Tochter einen Zettel.

- nicht zu spät aufstehen,
- einen warmen Pullover anziehen,
- ~~Zähne putzen nicht vergessen,~~
- bitte Zimmer aufräumen,
- Milch warm machen,
- ein Schulbrot mitnehmen,
- Schultasche packen,
- etwas Geld einstecken,
- Tür abschließen

So würde Frau Frei mit ihrer Tochter sprechen:

Vergiss nicht, dir die Zähne zu putzen.

...

5. Welche Verben können Sie auch benutzen?

Beispiel: etwas schnell machen: *sich beeilen* _____

1. etwas gerne haben wollen: _____
2. etwas beschließen: _____
3. ein Gespräch führen: _____
4. an etwas zurückdenken: _____
5. sagen, dass man etwas nicht gut oder nicht richtig findet: _____
6. nicht wissen, was man tun soll: _____
7. wegen einer Stelle an eine Firma schreiben: _____
8. sich nach einem anstrengenden Tag aufs Sofa legen: _____

6. Wer bekommt was?

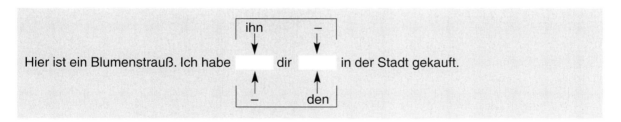

Schreiben Sie.

Beispiel: Petra hat aber eine tolle Seidenhose! (ihr Mann / aus Hong Kong mitbringen)
Ihr Mann hat sie ihr aus Hong Kong mitgebracht.
Ihr Mann hat ihr die aus Hong Kong mitgebracht.

1. Wann gibst du mir das Geld? (gleich)
2. Woher hast du die schöne Perlenkette? (ein Freund / zum Geburtstag schenken)
3. Das Kleid gefällt mir. (Sie / bitte einpacken)
4. Du hast meinen Kamm benutzt. (bitte zurückgeben)
5. Haben Sie vielleicht einen Taschenrechner? (ja / gleich geben)
6. Können Sie mir den Prospekt geben? (ja / mit der Post schicken)
7. Du kennst das Spiel nicht? (erklären)
8. Wann können wir deine Urlaubfotos sehen? (heute Abend zeigen)

7. Ein Kind schreibt einen Wunschzettel für Weihnachten.

Setzen Sie das richtige Pronomen ein.

Liebes Christkind,

ich wünsche mir so sehr ein Fahrrad, aber letztes Jahr habe ich ___*keins*___ bekommen.
Kannst du mir dieses Jahr bitte 1 _____ bringen?
Im Kaufhaus habe ich ein tolles Zelt gesehen, bitte schenk mir 2 _____ auch! Alle
meine Freunde haben ein Zelt, nur ich habe 3 _____. Es kostet nur 60 DM, und ich
wünsche 4 _____ mir so!
Letztes Jahr hast du mir zwei Kassetten mit Märchen gebracht. Die haben mir sehr gut gefallen,
und deshalb hätte ich gerne dieses Jahr auch 5 _____, vielleicht mit Tiergeschichten.
Aber die Bücher, die ich letztes Jahr bekommen habe, mochte ich nicht. Bring mir dieses Jahr
6 _____, denn ich lese nicht gern!
Meine kleine Schwester Hanna möchte gerne die große Puppe, die bei Hertie im Schaufenster
steht. Bitte schenk ihr 7 _____! Sie kann ja noch nicht selbst schreiben und möchte,
dass ich 8 _____ dir sage. Und die roten Schuhe für die Puppe findet sie sehr schön;
kannst du ihr 9 _____ vielleicht auch mitbringen?
Wir freuen uns schon sehr auf Weihnachten und unsere Geschenke.

Viele Grüße,
Dein Jan

8. „Noch nicht", „nicht mehr", „nur noch", „immer noch" – was passt?

1. Mein Großvater ist sehr alt. Er kann _____ gut sehen und laufen, aber er
   möchte _____ in ein Alterheim ziehen.

2. Herr Heidkamp hat schon früh seine Frau verloren, aber er möchte _____
   heiraten.

3. Seit dem Tod ihres Mannes hat Frau Kuhn _____ eine kleine Rente. Auch
   wenn sie nicht viel Geld hat, kann sie _____ jeden Sommer nach Österreich
   fahren.

4. Die alte Dame kann _____ gut lesen, aber sie kauft _____
   viele Bücher.

5. Meine Tochter ist schon vor drei Wochen umgezogen, aber sie hat mir
   _____ ihre neue Telefonnummer gegeben.

6. Meine Großmutter ist sehr alt, aber sie hat _____ viele Interessen.

7. Mein Mann hatte einen Unfall, deshalb kann er _____ arbeiten.

8. Herr und Frau Barth sind schon fünfzig Jahre verheiratet und streiten sich

_____ jeden Tag!

9. Frau Seidel feiert ihren hundertsten Geburtstag.

Ein Reporter führt ein Gespräch mit ihr. Was fragt er?

1. Frage: _____

Frau Seidel: In Danzig. Das gehörte damals zu Deutschland.

2. Frage: _____

Frau Seidel: Ja, einen älteren Bruder. Aber er ist im Ersten Weltkrieg gefallen.

3. Frage: _____

Frau Seidel: Mein Vater besaß ein Gemüsegeschäft in Danzig. Meine Mutter hat ihm im
Geschäft geholfen.

4. Frage: _____

Frau Seidel: Nein. Die meisten Frauen machten damals keine. Ich habe schon mit achtzehn
Jahren geheiratet.

5. Frage: _____

Frau Seidel: Ja. Mein erster Sohn Karl wurde 1916 geboren. Ich war damals traurig, weil
mein Mann gerade im Krieg war. Unsere Tochter Agnes wurde 1920 geboren. Später
bekamen wir noch einen Sohn, Fritz.

6. Frage: _____

Frau Seidel: Nur bis 1930, dann sind wir nach Berlin gezogen. Mein Mann arbeitete dort bei
der Polizei.

7. Frage: _____

Frau Seidel: Mein älterer Sohn ist Lehrer geworden. Agnes war Krankenschwester.
Mein jüngster Sohn war noch Student, als er im Zweiten Weltkrieg gefallen ist.

8. Frage: _____

Frau Seidel: Er ist schon sehr früh gestorben. Ich war gerade fünfzig. Ich bin dann zu
meinem Sohn und seiner Frau gezogen und habe mit den Enkelkindern geholfen.

9. Frage: _____

Frau Seidel: Vier, und zehn Urenkel.

10. Frage: _____

Frau Seidel: Seit 1980. Ich habe gemerkt, dass ich mir nicht mehr so gut helfen konnte. Und
meine Schwiegertochter wurde auch zu alt. Da bin ich hierher ins Johanneshaus gezogen.
Mir gefällt es hier sehr, und ich werde gut versorgt.

10. Herr Fritzen ist 85 und möchte in ein Altersheim ziehen.

Seine Tochter schreibt an ein Altersheim. In ihrem Brief sind einige Fehler. Korrigieren Sie sie.

Saarbrücken, der 8.8.2000

An das Johanneshaus, Heimleitung

Sehr geehrte Herren und Damen,
ich möchte mich bei Ihnen informieren, welches Sie in nächster Zeit ein Einzelzimmer
für meinen Vater freihaben. Er ist 85 Jahre
alt und kann ihm noch sehr gut helfen.
Sondern in den letzten Jahren ist es für
ihn schwierig geworden, auszugehen und
Bekannte treffen. Deshalb wünscht er sich
ein Seniorenheim mit einem interessanten
Freizeitprogramm. Er glaubt sich, dass Ihr
Haus gute Freizeitmöglichkeiten bietet.
Ich würde mich sehr freuen, bald von Ihnen
zu hören. Bitte schicken Sie mich auch einen
Prospekt.

Mit wunderbaren Grüßen
Ida Fritzen

den _____

11. Wie heißt das Nomen?

Beispiel: lieben –   *die Liebe*

1. sich entschuldigen – _____
2. sich verabreden – _____
3. sich interessieren – _____
4. sich wünschen – _____
5. anfangen – _____
6. regieren – _____
7. informieren – _____
8. unterschreiben – _____
9. empfehlen – _____
10. bedienen – _____

11. fühlen – _____
12. überraschen – _____
13. schneien – _____
14. sich trennen – _____
15. studieren – _____
16. erziehen – _____
17. heiraten – _____
18. frühstücken – _____
19. spielen – _____
20. lösen – _____

12. „Bleiben", „wohnen", „leben", „verbringen" oder „sein" – was passt?
Michael erzählt von seiner Reise.

Zuerst sind wir mit dem Auto durch Frankreich gefahren. In Bordeaux haben wir eine Nacht auf dem Campingplatz 1 _____. Am nächsten Morgen fuhren wir durch ein sehr schönes kleines Dorf, in dem nur etwa 100 Menschen 2 _____. Wir haben beschlossen, zwei Tage dort zu 3 _____. Wir 4 _____ in einer Pension, in der wir zum Frühstück schon Rotwein bekamen! Wir sind in den zwei Tagen viel spazieren gegangen. Ich glaube, ich 5 _____ noch nie in einer so schönen Gegend _____, die Berge und das Meer waren einfach herrlich!

Danach sind wir über die Grenze nach Spanien gefahren. In vielen Dörfern 6 _____ die Leute noch sehr einfach, ihre Häuser sind sehr klein, und es gibt wenig Autos. Wir wollten gern nahe am Strand 7 _____, aber alle Hotels und Pensionen waren schon voll. Schließlich fanden wir einen Campingplatz direkt am Meer. Viele spanische Familien 8 _____ hier den ganzen Sommer. Aber wir 9 _____ dort nicht lange, denn es 10 _____ sehr laut, und oft gab es kein Wasser. Wir sind dann nach Barcelona gefahren. Dort 11 _____ eine frühere Kollegin von mir, und wir konnten eine Woche bei ihr 12 _____. Dort hatten wir eine tolle Zeit! Nächstes Jahr wollen wir wieder dorthin fahren.

1. Rätselecke: Nomen aus Lektion 10

a) Ergänzen Sie die fehlenden Relativ-
pronomen, (manche mit, manche ohne
Präposition).

b) Machen Sie jetzt das Kreuzworträtsel.

→ **Waagerecht:**

2 Ein Buch, _____ sehr oft verkauft wird.

6 Eine Person, _____ Bücher schreibt.

7 Die Zeit, _____ man ein Kind war.

8 Ein Mann, _____ man befreundet ist.

↓ **Senkrecht:**

1 Der Titel eines Buches, _____ ein Film gedreht wurde.

2 Eine Frau, _____ auf ihrem Bauernhof arbeitet.

3 Ein Text, _____ Wörter sich reimen.

4 Ein Buch, _____ eine lange Geschichte erzählt wird.

5 Eine Person, _____ man zusammen arbeitet.

2. Ergänzen Sie.

1. Herr Felten war ein Lehrer, _____ ich immer Angst hatte.

2. Heute habe ich endlich den Brief bekommen, _____ ich schon so lange gewartet
   habe.

3. Eva hat den Mann verlassen, _____ sie 20 Jahre verheiratet war.

4. Mein Vater hat eine Nachricht bekommen, _____ er sehr traurig ist.

5. „Herbstmilch" ist ein Roman, _____ die Autorin großen Erfolg hatte.

6. Ich habe ein Problem, _____ ich gern mal mit dir sprechen würde.

7. Frau Hertz hat eine neunzigjährige Mutter, _____ sie sich kümmern muss.

8. Die Firma, _____ ich fünf Jahre gearbeitet habe, heißt Althaus KG.

3. Satzverbindungen

weil

Ich lerne Deutsch, ⟜◯ ⟞ Sprachkenntnisse heute sehr wichtig **sind.** | Typ 1 |

denn

Ich lerne Deutsch, ⟜◯ ⟞ Sprachkenntnisse **sind** heute sehr wichtig. | Typ 2 |

deshalb

Sprachkenntnisse sind heute sehr wichtig, ⟜◯ ⟞ **lerne** ich Deutsch. | Typ 3 |

a) **Ordnen Sie die Satzverbindungen aus dem Kasten in die Tabelle ein.**
Zu welchem Typ gehören sie?

| trotzdem | damit | während | also | obwohl | daher | dann | weil | als |
| oder | bevor | denn | deshalb | bis | aber | wie | und | sondern | wenn | dass |

Typ 1: Subjunktoren Hauptsatz + Nebensatz oder Nebensatz + Hauptsatz	**Typ 2: Konjunktoren** Hauptsatz + Hauptsatz	**Typ 3: Angabewörter** (stehen im Vorfeld des 2. Hauptsatzes) Hauptsatz + Hauptsatz
weil	*denn*	*deshalb*

b)   **Ergänzen Sie eine passende Satzverbindung.**

1. Ich glaube, _____ man heute eine Fremdsprache können muss.

2. Ich habe nicht viel Freizeit, _____ habe ich viele Hobbys.

3. _____ man als Hochschulabsolvent eine gute Stelle finden will, muss man besser sein als die anderen.

4. _____ ich ein Kind war, wollte ich Tierärztin werden.

5. Mein Bruder ist Lehrer, _____ meine Schwester ist Fotografin.

6. Sie ist schon 62 Jahre alt, _____ sie sieht aus wie 50.

7. Ich warte, _____ du mit dem Aufräumen fertig bist.

8. Kinder stellen viele Fragen, _____ sie sind noch sehr neugierig.

9. Ich spare mein Geld lieber, _____ ich mir bald eine Wohnung kaufen kann.

10. Zur Zeit habe ich Schlafstörungen, _____ bin ich immer müde.

11. _____ er sehr reich ist, lebt er ganz einfach und bescheiden.

12. Sie möchte Kinder haben, _____ möchte sie heiraten.

4.   Ergänzen Sie.

1. das Licht ausmachen   –   die Tür _____
2. die Hände waschen   –   die Zähne _____
3. die Wäsche waschen   –   das Geschirr _____
4. Kartoffeln kochen   –   einen Kuchen _____
5. ein Regal bauen   –   ein Kleid _____
6. eine Wohnung renovieren   –   eine Maschine _____
7. einen Flug buchen   –   ein Hotelzimmer _____
8. ein Gedicht schreiben   –   ein Bild _____
9. eine Regierung wählen   –   einen Minister _____
10. den Weg beschreiben   –   die Mathematikaufgabe _____
11. morgens aufwachen   –   abends _____
12. sich ins Bett legen   –   sich auf einen Stuhl _____

5. Was passt?

es / das geht	es schneit	es ist kalt / heiß …	es regnet	es gibt
es / das klappt	es / das stimmt	es / das dauert	es / das ist schade	

1. Zieh dir einen warmen Mantel an! Draußen _____ wieder sehr

   _____!

2. Kommst du uns am Wochenende besuchen? – Nein, leider _____ nicht.

   Ich habe schon eine Einladung. – Das ist aber _____! Hoffentlich

   _____ dann ein Wochenende später!

3. Fahr vorsichtig! _____ schon seit drei Stunden und die Straße ist sehr nass!

4. Ich muss unbedingt tanken. _____ hier in der Nähe vielleicht eine Tankstelle?

5. Mach bitte mal das Fenster auf. Hier drinnen _____ viel zu

   _____!

6. Leider ist im Moment kein Tisch frei. Möchten Sie ungefähr eine halbe Stunde warten?

   Nein danke, _____ mir zu lange!

7. _____, dass Peter einen Unfall hatte? – Ja, aber er war nicht verletzt. Nur

   sein Auto ist total kaputt.

8. Fahrt ihr morgen wirklich nach München? – Ja, aber nur, wenn _____ nicht

   _____.

6. Eine Frage der Persönlichkeit!

Was für ein Mensch sind Sie? Ergänzen Sie Infinitivsätze mit Ausdrücken aus dem Kasten.

ganz allein sein   meine Arbeit aufgeben und einfach das Leben genießen
meinen Schreibtisch aufräumen   die Tür abschließen   in Ruhe ein dickes Buch lesen
Leute durch Kontaktanzeigen in der Zeitung kennen lernen

1. Ich habe nie Lust, *meinen Schreibtisch aufzuräumen.* _____

2. Ich habe noch nie versucht, _____

3. Ich habe schreckliche Angst davor, _____

4. Ich vergesse oft, _____

5. Ich träume manchmal davon, _____

6. Ich habe einfach nie Zeit dafür, _____

7. Inga ist 3 Jahre alt.

Sie stellt viele Fragen. Antworten Sie ihr.

---

weil   um … zu   damit

Geld verdienen   sich von der Arbeit ausruhen   Papa / ins Büro fahren können

noch zu klein sein   Essen, Kleidung und Wohnung bezahlen   müde sein

Freunde treffen   lieber allein wohnen

nicht so oft zum Zahnarzt müssen   lesen und schreiben lernen

---

1. Warum gehen die meisten Leute zur Arbeit?
   Sie gehen zur Arbeit, um Geld zu verdienen.

2. Warum möchten die Leute Geld verdienen?

3. Warum muss ich jeden Abend ins Bett gehen?

4. Warum schicken Eltern ihre Kinder in die Schule?

5. Warum fahren wir im Sommer in Urlaub?

6. Warum haben wir ein Auto?

7. Warum wohnt Oma nicht bei uns?

8. Warum geht ihr heute Abend aus?

9. Warum bekomme ich kein Fahrrad?

10. Warum muss ich mir so oft die Zähne putzen?

8. Was ist richtig?

1. Arno ist furchtbar verliebt. Jetzt schreibt er sogar
   _____ für seine Freundin!

   a. Romane
   b. Gedichte
   c. Rezepte
   d. Lieder

2. Anna Wimschneider hat ihre Mutter schon sehr früh
   _____ .

   a. verloren
   b. verlassen
   c. gestorben
   d. vergessen

3. Seit Herr Prüfer Rentner ist, muss seine Frau
   _____ für ihn das Mittagessen kochen.

   a. ziemlich
   b. eigentlich
   c. wirklich
   d. regelmäßig

4. Viele Ausländer glauben, dass die Deutschen sich nur für
   ihre Arbeit _____ .

   a. kümmern
   b. sorgen
   c. interessieren
   d. leben

5. Für alte Leute ist es oft _____ , Kontakt zu
   anderen Menschen zu finden.

   a. gefährlich
   b. traurig
   c. schwierig
   d. einsam

6. Paul hat die Stelle gewechselt und bekommt jetzt ein
   höheres _____ .

   a. Gehalt
   b. Einkommen
   c. Geld
   d. Lohn

7. Ich habe ein tolles Buch gelesen. Soll ich dir davon
   _____ ?

   a. reden
   b. erzählen
   c. sprechen
   d. sagen

8. Mein Auto muss repariert werden. _____ die
   Bremsen _____ das Licht funktionieren.

   a. sowohl ... als auch
   b. zwar ... aber
   c. nicht nur ... sondern auch
   d. weder ... noch

9. Präpositionen

**Zu den folgenden Verben, Adjektiven und Nomen passen Präpositionen.
Was passt zusammen? Machen Sie Sätze.**

1. Man interessiert sich z.B.		a) mit ihrem Leben.
2. Viele Leute ärgern sich		b) für ihre Kinder.
3. Haben Sie auch Angst		c) für viele Studenten.
4. Schulkinder freuen sich immer		d) über eine schlechte Nachricht.
5. Viele Leute sind nicht zufrieden		e) um ihre Mitmenschen!
6. Immer mehr Eltern haben nicht genug Zeit		f) vor jeder Prüfung?
7. Eine Mutter denkt meistens zuerst		g) für Sport oder Politik.
8. Natürlich ist man traurig		h) auf die Ferien.
9. Zukunftsangst ist heute typisch		i) an ihre Kinder.
10. Kümmern Sie sich mehr		j) über jedes kleine Problem.

10. Sie machen alles anders!

Schreiben Sie Sätze wie im Beispiel.

1. Ich rege mich manchmal über das schlechte Fernsehprogramm auf.

   Darüber rege ich mich nicht auf.

2. Ich interessiere mich für alternative Medizin.

   _____

3. Ich mache mir Sorgen um die Umwelt.

   _____

4. Ich denke oft über den Sinn des Lebens nach.

   _____

5. Ich bereite mich auf die Prüfung vor.

   _____

6. Ich verlasse mich nicht auf mein Glück.

   _____

11. Satzpuzzles

Schreiben Sie Sätze wie in den Beispielen.

1. Wann geben Sie mir die Hausaufgaben?   →   morgen / Ihnen / sie
    Ich gebe sie Ihnen morgen.
2. Gib mir doch bitte mal das Brot!   →   / dir / das Brot / gleich

3. Kannst du mir mal die Zeitung geben?   →   dir / sie / sofort

4. Hast du den Schlüssel?   →   können geben / du / den / mir?

5. Ich habe den Schlüssel auch nicht.   →   dir / nicht geben können / ihn

6. Ich brauche noch Briefmarken.   →   mir / mitbringen können / welche?

7. Mein Sohn möchte einen Computer.   →   wir / einen / kaufen / ihm / zum Geburtstag.

12. Was sagen Sie in dieser Situation?

1. Sie stehen auf einer Party neben einem Mann, den Sie noch nie gesehen haben.
   - a) Hallo, wer sind Sie denn?
   - b) Darf ich mich vorstellen, mein Name ist …
   - c) Ich freue mich sehr darauf, mit Ihnen zu sprechen.

2. Ein Freund sagt, dass die Verkehrsprobleme immer schlimmer werden. Sie finden das auch.
   - a) Da bin ich ganz deiner Meinung.
   - b) Meine Meinung darüber ist gut.
   - c) Da bin ich ganz sicher.

3. Sie haben sich entschlossen, ein Jahr nach Paris zu gehen, um Ihre Sprachkenntnisse zu verbessern. Eine Freundin fragt sie nach den Gründen.
   - a) Die französische Kultur gefällt mir besser als die deutsche.
   - b) Ich habe einen französischen Freund.
   - c) Ich bin nicht zufrieden mit meinem Französisch.

4. Ein Kollege sagt, dass die Arbeitszeiten in Deutschland zu lang sind. Sie denken anders darüber.
   - a) Wissen Sie das genau?
   - b) Ich finde, das stimmt nicht.
   - c) Da bin ich nicht sicher.

5. Ein Freund lädt Sie zu einem Wochenendausflug ein und bittet Sie, Ihren Pass mitzunehmen. Sie glauben, dass Sie den Pass nicht brauchen.
   - a) Wir fahren doch nicht über die Grenze!
   - b) Ich habe meinen Pass doch verloren!
   - c) Ich brauche meinen Pass nie!

6. Ihr altes Auto muss zur Reparatur. Sie möchten aber nicht mehr zu viel Geld für das Auto ausgeben. In der Werkstatt sagen Sie:
   - a) Bitte geben Sie mir keine teure Rechnung.
   - b) Bitte informieren Sie mich vor der Reparatur darüber, wie hoch die Reparaturkosten sind.
   - c) Es ist egal, wie viel es kostet, aber ich möchte das Auto morgen abholen.

7. Die Werkstatt hat das alte Auto repariert, und Sie bekommen eine Rechnung von 2000 DM.
   - a) Ich habe Ihnen doch gesagt, dass Sie das nicht machen sollen!
   - b) Es tut mir leid, dass die Rechnung so hoch ist.
   - c) Sie sollten mir doch vorher sagen, wie viel das kostet.

8. In einem Bewerbungsgespräch werden Sie nach Ihrer Ausbildung gefragt.

    a) Ich habe bald nach dem Abitur geheiratet. Nach drei Jahren haben wir uns scheiden lassen.

    b) Nach dem Realschulabschluss habe ich drei Jahre Bürokaufmann gelernt.

    c) Ich kann sehr gut Englisch und Italienisch und perfekt Schreibmaschine schreiben.

9. Sie sind sehr an einer Stelle bei Siemens interessiert, aber das Gehalt finden Sie zu niedrig. Sie sagen zum Personalchef:

    a) Die Stelle ist gut, aber das ist mir zu wenig Geld!

    b) Die Stelle ist zwar interessant, aber für mich ist das Gehalt am wichtigsten.

    c) Die Stelle gefällt mir sehr gut, aber ich hätte gern ein etwas höheres Gehalt.

10. Ihr Freund lädt Sie für morgen zum Abendessen ein, aber Sie haben schon eine andere Einladung.

    a) Tut mir Leid, ich esse nicht gern zu Abend.

    b) Leider kann ich morgen Abend nicht. Geht es vielleicht ein anderes Mal?

    c) Tut mir leid, ich gehe lieber zu meiner anderen Einladung.

Lektion 1

1. a) *Waagerecht:* 3 ANZUG   6 RÖCKE   7 KLEID   9 FARBE   11 STRUMPF   12 SCHUHE   14 HEMD

    Senkrecht: 1 JACKE   2 PULLOVER   4 BRILLE   5 KRAWATTE   8 FRISUR   10 BLUSE   13 HOSEN
    14 HUT

    b) *Lösungswort:* KLEIDUNG

2. a) *Personen:* ruhig, sympathisch, nervös, dick, schlank, nett
    Personen und Sachen: klein, groß
    Sachen: leicht, praktisch, billig, breit, niedrig

    b) Ich finde Martin total sympathisch. Er ist freundlich, intelligent und interessant. Außerdem sieht er gut aus. Er ist schlank, groß und jung. Ich mag ihn einfach.

3. 1. Sophie Schick ist 12 Jahre älter als Erika Meier und Doris Schneider.   2. Erika Meier ist fast gleich alt wie Doris Schneider.   3. Sophie Schick ist 10 cm kleiner als Erika Meier.   4. Doris Schneider ist 7 cm größer als Erika Meier.   5. Sophie Schick ist 2 kg schwerer als Erika Meier.   6. Doris Schneider ist so schwer wie Sophie Schick, aber sie ist größer. Deshalb ist sie schlanker.

4.

definiter Artikel	indefiniter Artikel	Nullartikel
der gute Wein	ein guter Wein	guter Wein
die süße Limonade	eine süße Limonade	süße Limonade
das gute Essen	ein gutes Essen	gutes Essen
die frischen Brötchen	–	frische Brötchen
der schwarze Anzug	ein schwarzer Anzug	–
die lange Hose	eine lange Hose	–
das weiße Hemd	ein weißes Hemd	–
die neuen Schuhe	–	neue Schuhe

5. a) 1. eine warme Winterjacke – die orangefarbene Jacke   2. ein interessantes Sachbuch – das neue Buch von Amy Tam   3. einen leichten Koffer – den blauen Koffer aus Hartplastik   4. schwarze Schuhe – die bequemen Schuhe für 65 Euro

    b) 2. einen leichten Koffer   3. die bequemen Schuhe für 65 Euro   4. das neue Buch von Amy Tam   5. den blauen Koffer aus Hartplastik   6. schwarze Schuhe   7. ein interessantes Sachbuch   8. die orangefarbene Jacke

6. a) *Individuelle Lösungen möglich. Lösungsbeispiel:*
    Da sind weiße Socken, schwarze Stiefel, ein brauner Rock, blaue Hosen (eine blaue Hose), ein beiger (beigefarbener) Mantel, eine orangefarbene Jacke, eine blaue Jeansjacke, ein rotes T-Shirt, grüne Shorts, ein grauer Anzug, ein rosafarbenes Polohemd, ein gelbes Sweat-Shirt, ein weißes Kleid, türkisfarbene Damenschuhe, weiße Sportschuhe.

    b) *Individuelle Lösungen möglich. Lösungsbeispiel:*
    Die weißen Sportschuhe passen zu der blauen Hose.
    Die blaue Jeansjacke und das rote T-Shirt passen zu der blauen Hose.
    Das gelbe Sweat-Shirt passt zu dem braunen Rock.
    Das rosafarbene Polohemd passt zu den grünen Shorts.
    Die orangefarbene Jacke passt zu dem braunen Rock.
    Die türkisfarbenen Damenschuhe passen zu dem weißen Kleid.
    Der beige (beigefarbene) Mantel passt zu dem braunen Rock.

Schlüssel

c) *Individuelle Lösungen möglich. Lösungsbeispiel:*
In den weißen Sportschuhen, der blauen Hose und dem roten T-Shirt gehe ich im Park spazieren.
In dem grauen Anzug (In dem weißen Kleid) gehe ich zu einer Hochzeit.
In dem braunen Rock und der orangefarbenen Jacke gehe ich einkaufen.
In dem braunen Rock und dem gelben Sweat-Shirt gehe ich zum Deutschkurs.
In dem weißen Kleid und den türkisfarbenen Damenschuhen gehe ich in ein gutes Restaurant.
In den grünen Shorts und dem rosafarbenen T-Shirt arbeite ich im Garten.

7. Der elegante Herr trägt einen dunkelblauen Anzug, ein weißes Hemd, eine dezente Krawatte, schwarze Schuhe und eine goldene Armbanduhr.
Der Punk trägt eine kaputte Jeansjacke, eine alte Jeans, hohe Stiefel und eine schwere Kette um den Hals.

8. a) Caroline und Julia sind zwei hübsch**e** Schwestern. Sie mögen aber nicht die gleich**e** Kleidung, sondern sie haben ihren eigen**en** Stil.
Caroline trägt gern elegant**e** Sachen, z.B. eng**e** Röcke, klassisch**e** Jacken und schön**e** Blusen. Sie mag dezent**e** Farben. Im Büro trägt sie oft einen schwarz**en** Rock, eine grau**e** Jacke und eine weiß**e** Bluse.

   b) Julia trägt gern sportlich**e** Sachen, z. B. bequem**e** Hosen, weit**e** Blusen und bunt**e** T-Shirts. Sie mag stark**e** Farben. Im Büro trägt sie oft eine blau**e** Jeanshose, eine offen**e**, lang**e** Bluse und ein rot**es** T-Shirt.

9. a) *Individuelle Lösungen möglich. Lösungsbeispiel:*

                          Ich finde

gut:	*nicht gut:*
– eine gemütliche Wohnung	– laute Musik
– lustige Filme	– unehrliche Politiker
– gute Restaurants	– dicke Leute
– intelligente Männer / Frauen / Leute	– konservative Männer / Frauen
– teure Autos	– dumme Leute / Frauen / Männer
– pünktliche Lehrer	– traurige Filme
– ein gutes Buch	– große Städte
– (ein) scharfes Essen	– teuren Schmuck

   b) *Individuelle Lösungen möglich. Lösungsbeispiel:*
2. intelligente Leute   3. lustige Filme   4. laute Musik   5. gegen unehrliche / dumme Politiker   6. in gute / teure / gemütliche Restaurants   7. gute / intelligente / traurige / lustige Bücher   8. in einem großen / teuren Auto

10. 1. In Deutschland müssen **alle** Kinder in die Schule gehen.   2. **Jedes** Kind hat Anspruch auf einen Platz in der Schule.   3. **Jeder** Mensch soll eine Fremdsprache lernen. Finden Sie das auch?   4. **Manche** Kinder lernen schon als Kleinkind zwei Sprachen.   5. Eine Fremdsprache kann man in **jedem** Alter lernen.   6. In **dieser** Lektion lernen Sie die Adjektivendungen.   7. Wie gefällt Ihnen **dieses** Wiederholungsbuch?   8. In fast **jeder** Lektion müssen Sie ein Rätsel lösen.   9. Lernen Sie immer **alle** neuen Wörter?   10. Natürlich vergessen Sie **manche** Wörter wieder, aber sicher nicht **alle**!

11. einen Prozess führen, verrückte Kleidung anziehen, sein Leben ändern, Arbeitslosengeld bekommen, das Aussehen von manchen jungen Leuten kritisieren, bei seiner Firma kündigen

12.

Zustimmung (+)	*Zweifel / Einspruch (?)*	*Ablehnung (–)*
Das ist richtig.	Das stimmt, aber …	Das ist falsch.
Das stimmt.	Da bin ich nicht sicher.	So ein Quatsch!
Genau!	Sie haben recht, aber …	Da bin ich anderer Meinung.
		Das finde ich nicht.

13. a) ○ Zu viel Fernsehen ist nicht gut für Kinder.
　　□ Sie haben recht, aber Kinder können durch Fernsehen auch viel lernen.
　　○ Das stimmt, aber Kinder sollen lieber aus Büchern lernen.
　　□ Da bin ich nicht sicher. Ich finde manche Kindersendungen sehr gut.

b) ○ Ich finde, Deutsch lernen macht keinen Spaß.
　　□ Das finde ich nicht. (Da bin ich anderer Meinung.) Ich lerne sehr gern Deutsch!

c) ○ Ohne Computer geht heute nichts mehr.
　　□ Das ist richtig. (Das stimmt.) Deshalb mache ich jetzt auch einen Computerkurs.

Lektion 2

1. 1 KINDERGARTEN 2 GRUNDSCHULE 3 GYMNASIUM 4 ABITUR 5 STUDIUM 6 LEHRE
7 AKADEMIKER 8 STELLENSUCHE 9 BEWERBUNG 10 GEHALT

Lösungswort: AUSBILDUNG

2.

	studieren	aufhören	machen	gehen	verdienen	lernen
noch kein Geld					✗	
an der Universität	✗					
mit der Schule		✗				
Abitur			✗			
auf die Realschule				✗		
einen Beruf						✗
eine Lehre		✗	✗			
Psychologie	✗					
mit dem Studium		✗				
Deutsch	✗					✗

3. Mit 6 Jahren musste Reinhard in die Schule gehen. Er musste jeden Tag Hausaufgaben machen. Er durfte nicht lange fernsehen. Er wollte einen Hund haben, aber er durfte kein Haustier haben. Er musste für sein Taschengeld arbeiten. Er konnte noch nicht schwimmen, aber er konnte gut Fußball spielen. Deshalb wollte er Profifußballer werden.

4. Schon mit 5 Jahren **wollte** ich nur mit Autos spielen. Mit 12 Jahren **durfte** ich manchmal das Auto meines Vaters lenken. Mit 16 **konnte** ich schon ganz gut Auto fahren. Natürlich **durfte** ich noch nicht auf der Straße fahren, weil ich ja noch keinen Führerschein hatte. Damals **wollte** ich aber schon Rennfahrer werden. Ich **musste** aber das Abitur machen. Meine Eltern **wollten** das unbedingt. Eigentlich **sollte** ich die Firma meines Vaters übernehmen, aber das **wollte** ich auf keinen Fall. Obwohl meine Eltern das nicht **wollten**, bin ich dann die ersten Autorennen gefahren.

5. **1.** Ich esse kein Fleisch, weil ich Vegetarier bin.　**2.** Ich rauche nicht, weil das Nikotin der Gesundheit schadet.
3. Ich esse nichts Süßes, weil Süßigkeiten dick machen.　**4.** Ich lese jeden Tag Zeitung, weil ich informiert sein möchte.　**5.** Ich reise gern, weil ich viele Länder kennen lernen möchte.　**6.** Ich lerne Deutsch, weil Sprachkenntnisse heute sehr wichtig sind.　**7.** Ich schreibe sehr oft Briefe, weil ich viele Freunde in aller Welt habe.
8. Ich mache jetzt einen Computerkurs, weil man heute einfach Computerkenntnisse braucht.　**9.** Ich arbeite sehr gern, weil meine Arbeit mir großen Spaß macht.　**10.** Ich bin oft allein, weil ich keine Familie habe.

Schlüssel

6. 1. Er hat gute Noten in der Schule, obwohl er nie seine Hausaufgaben macht. – Obwohl er nie seine Hausaufgaben macht, hat er gute Noten in der Schule. **2.** Er möchte das Abitur machen, obwohl er die Schule hasst. – Obwohl er die Schule hasst, möchte er das Abitur machen. **3.** Er möchte abends lange in der Disco sein, obwohl er früh aufstehen muss. – Obwohl er früh aufstehen muss, möchte er abends lange in der Disco sein. **4.** Seine Lehrer mögen ihn, obwohl er sehr faul ist. – Obwohl er sehr faul ist, mögen seine Lehrer ihn. **5.** Er trinkt schon viel Alkohol, obwohl er noch sehr jung ist. – Obwohl er noch sehr jung ist, trinkt er schon viel Alkohol. **6.** Er möchte von zu Hause ausziehen, obwohl er kein Geld für eine eigene Wohnung hat. – Obwohl er kein Geld für eine eigene Wohnung hat, möchte er von zu Hause ausziehen. **7.** Er fährt manchmal Auto, obwohl er noch keinen Führerschein hat. – Obwohl er noch keinen Führerschein hat, fährt er manchmal Auto. **8.** Er hat viele Freunde, obwohl er manchmal sehr unfreundlich (aggressiv) ist. – Obwohl er manchmal sehr unfreundlich (aggressiv) ist, hat er viele Freunde. **9.** Er ist eigentlich sehr nett, obwohl er manchmal sehr aggressiv (unfreundlich) ist. – Obwohl er manchmal sehr aggressiv (unfreundlich) ist, ist er eigentlich sehr nett.

7. 1. Wenn man ein gutes Abitur hat, bekommt man leichter einen Studienplatz. **2.** Wenn man eine Fremdsprache studiert, soll man mindestens ein Semester im Ausland studieren. **3.** Wenn man noch studiert, hat man nicht viel Geld. **4.** Wenn man noch keine Berufserfahrung hat, ist die Stellensuche schwieriger. **5.** Wenn man gern praktisch arbeitet, macht man am besten eine Lehre. **6.** Wenn man gute Sprachkenntnisse hat, kann man leichter eine gute Stelle finden.

8. Als Kind wollte ich Tierärztin werden, **weil** ich Tiere sehr gern hatte. Später wollte ich Fotoreporterin werden, **weil** ich sehr viel reisen wollte.
Ich habe mit 18 das Abitur gemacht, **obwohl** ich als Jugendliche nicht gern in die Schule gegangen bin. **Obwohl** ich eigentlich studieren wollte, habe ich dann eine Banklehre gemacht, **weil** ich bald Geld verdienen wollte. Jetzt arbeite ich nicht mehr, **weil** ich zwei Kinder habe und den Haushalt versorgen muss.
Zu meinen Kindern sage ich immer: **Wenn** man heute keine gute Ausbildung hat, hat man keine Chancen im Berufsleben. **Wenn** ihr einmal studieren wollt, dann müsst ihr ein gutes Abitur machen. Aber meine Kinder wollen nicht studieren, **weil** es zur Zeit so viele arbeitslose Akademiker gibt. **Wenn** sie das Abitur haben, wollen sie auch lieber einen Beruf lernen. **Obwohl** ich das selbst auch so gemacht habe, finde ich das nicht so gut.

9. 1. Mein Chef ist sehr streng. **Trotzdem** mag ich meine Arbeit. **2.** Man muss seine Arbeit gut machen. **Dann** ist der Chef zufrieden. **3.** Ich kann selbständig arbeiten. **Deshalb** finde ich meine Arbeit nicht langweilig. **4.** Meine Kollegen sind sehr nett. **Deshalb** haben wir viel Spaß zusammen. **5.** Manchmal treffen wir uns nach der Arbeit. **Dann** trinken wir zusammen ein Bier. **6.** Man muss im Büro immer freundlich sein. **Sonst** bekommt man Probleme. **7.** Die Arbeitsatmosphäre soll gut sein. **Sonst** arbeitet man nicht so gern. **8.** Wollen Sie Karriere machen? **Dann** müssen Sie besser sein als die anderen.

10. a) Familienname
Vorname
Geburtsdatum
Geburtsort
Staatsangehörigkeit
Familienstand
Wohnort
Schulausbildung/Abschluss
Berufsausbildung
Jetzige Stelle

b) Vom fünfzehnten September 1968 bis zum fünfundzwanzigsten Juni 1972 hat Eva-Maria Menzel die Grundschule in Malsch besucht. Vom ersten September 1972 ist sie auf das Gymnasium Ettlingen gegangen und hat da am fünfzehnten Juni 1984 das Abitur gemacht. Dann hat sie eine Lehre als Bankkauffrau bei der Volksbank gemacht. Seit dem ersten Mai 1989 arbeitet sie als Bankkauffrau bei der DG Bank.

11. *Das ist wichtig im Beruf:*
ein gutes Gehalt
ein sicherer Arbeitsplatz
gute Karrierechancen
angenehme Arbeitsatmosphäre
gute Sozialleistungen

Das finden Firmen bei Bewerbern wichtig:
Computerkenntnisse
Berufserfahrung
Teamfähigkeit
gute Sprachkenntnisse
dynamische Persönlichkeit

12. duffner + partner
Personal Manager
✓
✓
Bewerbung als Fremdsprachensekretärin
… vom 18. 7. 2000 …
Sehr geehrte Damen und Herren,
… um die Stelle als …
Seit 1990 …
✓
✓
… und möchte deshalb
✓
Über eine baldige Antwort …
Mit freundlichen Grüßen
✓

Lektion 3

1.   **1.** d)   **2.** c)   **3.** b)   **4.** b)   **5.** a)

2.   *Frau Reinmann freut sich* über Volkslieder; über den großen Blumenstrauß; auf das nächste Wochenende; auf die Reise nach Rom, auf den Französischkurs.
Frau Reinmann ärgert sich über den unfreundlichen Kellner; über den schlechten Spielfilm; über den Hund des Nachbarn; über den Französischkurs.
Frau Reinmann interessiert sich für Volkslieder; für Literatur; für die Reise nach Rom; für den Französischkurs.
Frau Reinmann regt sich über den unfreundlichen Kellner *auf*, über die kaputten Schuhe, über den schlechten Spielfilm, über den Hund des Nachbarn, über den Französischkurs.
Frau Reinmann beschwert sich über den unfreundlichen Kellner; über den schlechten Spielfilm; über die kaputten Schuhe; über den Hund des Nachbarn; über den Französischkurs.

3.   **1.** sich bei der Lehrerin entschuldigen, informieren, beschweren.   **2.** mit der Lösung einverstanden sein.   **3.** an die Ferien denken.   **4.** mit dem Studium aufhören, einverstanden sein.   **5.** nach dem Fernsehprogramm fragen.   **6.** über die Noten weinen, lachen, sprechen, diskutieren.   **7.** auf die Vorstellung warten.   **8.** mit der Sekretärin sprechen, diskutieren, telefonieren.   **9.** sich bei der Firma informieren, bewerben, beschweren.   **10.** über den Lehrer weinen, lachen, sprechen, diskutieren.

4.   **1.** besonders   **2.** kaum   **3.** wenigstens   **4.** leider   **5.** noch   **6.** vielleicht   **7.** ungefähr   **8.** mindestens

5.   **1.** LAUT   **2.** ZEUGNIS   **3.** VERBOTEN   **4.** EXAMEN   **5.** KRIMI   **6.** KAUFHAUS   **7.** MALER   **8.** GEHALT   **9.** STREIT   **10.** UNFALL   **11.** KONZERT   **12.** GLÜCK
Lösungswort: UNTERHALTUNG

6.   **1.** f)   **2.** c)   **3.** j)   **4.** e)   **5.** i)   **6.** k)   **7.** b)   **8.** g)   **9.** a)   **10.** h)   **11.** l)   **12.** d)

7.   **1.** über – mich – auf   **2.** auf   **3.** damit   **4.** woran – an – über   **5.** bei – dafür   **6.** worüber – über   **7.** darüber   **8.** mit   **9.** darüber   **10.** bei – auf.

8. Frau Seidel freut sich auf die Theatervorstellung. Herr Seidel freut sich nicht darauf.
Anita freut sich auf den Urlaub in Ibiza. Michael freut sich nicht darauf.
Frau Seidel spricht über die lauten Kinder des Nachbarn. Herr Seidel spricht nicht über sie.
Anita spricht über den schönen Mann. Michael spricht nicht über ihn.
Anita ärgert sich über den Lehrer des Sohnes. Micheal ärgert sich nicht über ihn.
Frau Seidel wartet auf die Gäste. Herr Seidel wartet nicht auf sie.
Anita wartet auf den Brief von Oma. Michael wartet nicht darauf.
Frau Seidel ist mit der hohen Miete einverstanden. Herr Seidel ist nicht damit einverstanden.
Anita ist mit ihrem Chef einverstanden. Michael ist nicht mit ihm einverstanden.
Frau Seidel informiert sich über den Eintrittspreis. Herr Seidel informiert sich nicht darüber.
Anita informiert sich über den neuen Mieter. Michael informiert sich nicht über ihn.

9. Morgens würde er bis zehn Uhr schlafen. Dann würde er im Bett frühstücken. Vormittags würde er in der Kneipe ein Bier trinken. Danach würde er im Park sitzen. Später würde er einkaufen gehen und dann ein schönes Mittagessen kochen. Beim Mittagessen würde er fernsehen. Danach würde er ein bisschen die Wohnung aufräumen und dann seine Frau von der Arbeit abholen. Er würde mit ihr zu Abend essen. Später würde er ausgehen und bis ein Uhr mit Freunden zusammensitzen.

10. **1.** Wenn ich nicht so viel essen würde, wäre ich auch schlank. **2.** Wenn Andrea nicht nur halbtags arbeiten würde, würde sie auch sehr viel verdienen. **3.** Wenn Frank nicht so viel Miete bezahlen müsste, hätte er auch ein tolles Auto. **4.** Wenn Pascal keinen schlechten Lehrer hätte, könnte er auch schon sehr gut Deutsch. **5.** Wenn Herr Egli nicht immer alles vergessen würde, hätte er auch keine Probleme im Büro. **6.** Wenn Bettina nicht immer so unfreundlich wäre, hätte sie auch viele Freunde. **7.** Wenn seine Frau sich nicht nur für Mode interessieren würde, würde sie auch oft ins Konzert gehen. **8.** Wenn du nicht so faul wärest, wärest du auch schon Chef in deiner Firma.

11. 86 Prozent der Frauen und 81 Prozent der Männer würden eine Weltreise machen.
58 Prozent der Frauen und 69 Prozent der Männer würden nie mehr arbeiten.
49 Prozent der Frauen und 51 Prozent der Männer würden ihr Traumhaus kaufen.
29 Prozent der Frauen und 48 Prozent der Männer würden ihr Traumhobby ausüben.
(48 Prozent der Männer, aber nur 29 Prozent der Frauen würden ihr Traumhobby ausüben.)
22 Prozent der Frauen und 57 Prozent der Männer würden ein Luxusauto kaufen.
(57 Prozent der Männer, aber nur 22 Prozent der Frauen würden ein Luxusauto kaufen).
42 Prozent der Frauen, aber nur 12 Prozent der Männer würden nur noch Designermode tragen.
21 Prozent der Frauen und 15 Prozent der Männer würden Verwandten und Freunden Geld geben.
24 Prozent der Männer, aber nur 9 Prozent der Frauen würden eine eigene Firma gründen.

12. *Individuelle Lösungen möglich. Lösungsbeispiel:*
Ich würde auf keinen Fall einen Mercedes kaufen. Ich würde auch auf keinen Fall mit meinem Studium aufhören. Aber bestimmt würde ich eine große Reise machen. Meine Verwandten würde ich auch Geld schenken. Außerdem würde ich eine Wohnung kaufen.

Lektion 4

1. **1.** mit einem Kind, Klavier, Fußball spielen **2.** mit der Arbeit, mit dem Studium aufhören **3.** über das Essen, über die Reparatur, über den Film, über die Rechnung, über ein Vorurteil nachdenken **4.** die Reifen wechseln **5.** sich über das Essen, über die Reparatur, über den Film, über die Rechnung, über ein Vorurteil beschweren; sich bei einer Kundin, beim Chef beschweren **6.** mit einem Kind, mit der Arbeit, mit dem Studium, mit dem Gehalt zufrieden sein **7.** bei der Werkstatt, an der Tankstelle, in einer Autofabrik arbeiten **8.** sich bei der Werkstatt, bei einer Kundin, beim Chef entschuldigen.

2. **1.** ein schwacher Motor **2.** ein kleiner Kofferrraum **3.** hohe Kosten **4.** eine offene / geöffnete Tür **5.** eine leichte Prüfung **6.** eine saubere Werkstatt **7.** ein lustiges / komisches Buch **8.** eine interessante Arbeit **9.** ein dummer Schüler **10.** eine billige / preiswerte Reparatur.

3.   **1.** b)   **2.** e)   **3.** a)   **4.** d)   **5.** f)   **6.** c)

4.   **1.** das teurere Auto   **2.** einen größeren Garten   **3.** die bessere Note   **4.** ältere Kinder   **5.** ein stärkeres / schnelleres Auto   **6.** ein höheres Gehalt.

5.   **1.** er würde gern ein höheres bekommen.   **2.** sie hätten gern eine nettere.   **3.** er hätte gern ein schöneres.   **4.** sie hätte gern einen kürzeren.   **5.** sie würde gern elegantere tragen.   **6.** ich hätte gern eine leichtere.   **7.** er wäre gern ein besserer.   **8.** ich hätte gern mehr.

6.   **1.** den höchsten Turm   **2.** das größte Land   **3.** die meisten Einwohner   **4.** der längste Fluss   **5.** den kältesten Winter   **6.** die berühmtesten Raumfahrer   **7.** der höchste   **8.** die schönste Frau.

7.   **1.** bequemer als   **2.** besser, als   **3.** ein größeres … als   **4.** interessantere … als   **5.** breitere … freundlichere … bessere …, als   **6.** preiswertesten … schönsten.

8.   **1.** so gut … wie   **2.** besser als   **3.** so interessant wie   **4.** interessanter als   **5.** so wenig wie   **6.** mehr … als

9.   **1.** bezahlt – bezahlen   **2.** gekauft – kaufen   **3.** erzählt – erzählen   **4.** gegessen – essen   **5.** verloren – verlieren   **6.** gewaschen – waschen   **7.** aufgeräumt – aufräumen   **8.** besucht – besuchen   **9.** mitgebracht – mitbringen   **10.** angezogen – anziehen   **11.** ausgegeben – ausgeben   **12.** gefunden – finden   **13.** verdient – verdienen   **14.** diskutiert – diskutieren   **15.** bestellt – bestellen   **16.** entschieden – entscheiden   **17.** gefragt – fragen   **18.** bekommen – bekommen   **19.** getan – tun

10.   werde ▪ wirst ▪ wird ▪ werden ▪ werdet ▪ werden

11. a)   … und trocknen. Dann die Zwiebel in feine Scheiben schneiden. Das Olivenöl und den Essig mit Salz und Pfeffer verrühren. Vor dem Servieren den Salat mit der Salatsoße vermischen.

     b)   … in Salzwasser gekocht und dann in eine große Schüssel gegeben. Der Knoblauch wird in kleine Stücke geschnitten und dann etwa 1 Minute in der Butter gebraten. Danach wird die Knoblauchbutter über die Spaghetti gegeben. Zum Schluss wird der Parmesankäse darüber gestreut.

12.   **1.** Die Reifen werden montiert.   **2.** Das Auto wird repariert.   **3.** Die Bremsen werden geprüft.   **4.** Die Suppe wird gekocht.   **5.** Die Rechnung wird bezahlt.   **6.** Der Tisch wird reserviert.   **7.** Der Bericht wird geschrieben.   **8.** Das Problem wird gelöst.   **9.** Das Abendessen wird vorbereitet.

13.   **1.** wird – operiert   **2.** wird – gewaschen.   **3.** werden – abgeschickt   **4.** wird – repariert   **5.** werden – geliefert   **6.** wird – geschlossen   **7.** wird – renoviert   **8.** wird – gebracht.

14.   **1.** Die Katze wird von Susi gefüttert.   **2.** Die Lebensmittel werden von Florian eingekauft.   **3.** Die Fenster werden von der Mutter geputzt.   **4.** Das Auto wird von Florian gewaschen.   **5.** Die Wohnung wird vom Vater aufgeräumt.   **6.** Das Mittagessen wird von der Mutter gekocht.   **7.** Die Betten werden von Susi gemacht.   **8.** Die Hemden werden von der Mutter gebügelt.   **9.** Das Geschirr wird vom Vater gespült.

15.   **1.** Die Bibliothek wird abends um 9 Uhr geschlossen (2)   **2.** Wir werden oft von unserem Chef zum Abendessen eingeladen. (2)   **3.** Ich werde den schönen Urlaub nie vergessen. (3)   **4.** Ich wollte als Kind gern Bauer werden. (1)   **5.** In Deutschland wird viel Wurst gegessen und Bier getrunken. (2)   **6.** Wirst du wirklich nach München ziehen? (3)   **7.** Kinder werden normalerweise mit sechs Jahren in die Schule geschickt. (2)   **8.** Wann werden Sie dieses Jahr in Urlaub fahren? (3)

Schlüssel

Lektion 5

1. **a)**

Nina Heinen:	Mädchen	Schwester	Tochter	Enkelin	Nichte
Bruno Heinen:	Junge	Bruder	Sohn	Enkel	Neffe

b) Monika Heinen: Mutter ▪ Helene Schmitz: Großmutter ▪ Walter Heinen: Vater ▪ Michael Schmitz: Onkel ▪ Wilhelm Schmitz: Großvater ▪ Ulrike Schmitz: Tante

2. **1.** verheiratet **2.** ledig **3.** überzeugt – unmöglich **4.** beruflich **5.** traurig, spät **6.** glücklich.

3. Für Herrn Müller ist es schwierig, einen Parkplatz in der Nähe des Büros zu finden.
Für Frau Müller ist es schwierig, neue Bekannte zu treffen. ... eine Arbeit zu suchen. ... Freunde aus der alten Stadt einzuladen. ... in die neue Wohnung umzuziehen. Aber es ist interessant für sie, neue Bekannte zu treffen. ... in der Stadt einkaufen zu gehen.
Für Beate ist es schwierig, den Weg zur Schule zu finden. ... Oma am Nachmittag zu besuchen. Aber es ist interessant für sie, am Fluss spazierenzugehen.

4. **1.** Peter hat keine Lust heute Abend vorbeizukommen. **2.** Frau Meier versteht nicht, dass man für den Computer kein Tippex braucht. **3.** Findest du auch, dass ich hässlich bin? **4.** Es ist langweilig jeden Abend fernzusehen. **5.** Mark hilft seiner Freundin ihr Auto zu reparieren. **6.** Hast du schon wieder vergessen das Radio auszumachen? **7.** Mein Mann vergisst immer, mir am Hochzeitstag Blumen zu kaufen. **8.** Petra versucht schon lange etwas schlanker zu werden. **9.** Bitte denk daran, mich morgen um 7 Uhr zu wecken. **10.** Meine Mutter ist der Meinung, dass mein Freund und ich heiraten sollen.

5. *Frau Ihde*: Es ist unmöglich, ...
... dass junge Leute in der Disco den Partner fürs Leben finden. ... dass junge Leute sich nur für Popstars interessieren.
Es ist wichtig, ...
... dass junge Leute mehr für die Schule arbeiten. ... dass junge Leute immer tun, was die Eltern sagen.
Ich bin dagegen, ...
... dass junge Leute auf dem Marktplatz Skateboard fahren.
Ich bin der Meinung, ...
... dass junge Leute zu viel Freiheit haben;

Britta: Es macht Spaß, ...
... mit vielen Männern zu flirten. ... laute Popmusik zu hören.
Es ist unmöglich, ...
... mit 18 Jahren zu heiraten. ... mit älteren Leuten zu diskutieren.
Ich bin der Meinung, ...
... dass Leute über dreißig total langweilig sind. ... dass Erwachsene Jugendliche nie verstehen.

6. **1.** c) **2.** e) **3.** h) **4.** f) **5.** g) **6.** a) **7.** d) **8.** b)

7. ... Er stand um 7.30 Uhr auf, weil er um 8.30 Uhr am Flughafen sein musste. Er frühstückte schnell und bestellte dann ein Taxi. Aber das Taxi kam nicht. Im Radio hörte er dann, dass auf der A1 ein großer Verkehrsstau war. Da rief er seine Tochter an. Sie kam sofort und brachte ihn mit dem Auto zum Flughafen. Aber die Fahrt dauerte sehr lange, obwohl sie einen anderen Weg fuhren. Dann fanden sie erst keinen Parkplatz. Die ganze Zeit dachte Peter, dass er den Flug verpassen würde. Doch als sie endlich am Schalter waren, lachten sie: Der Flug war zwei Stunden verspätet.

8. lernten – kennen – war / arbeitete / einlud – ging – kaputt / mussten – fand – lachte / dachte / heirateten / ging – bekam – hörte – auf

9. *Individuelle Lösungen möglich. Lösungsbeispiel:*
Christine und Friedrich Bork trafen sich zuerst auf der Universität. Beide studierten Sprachen. Im nächsten Sommer fuhren sie zusammen nach Frankreich in Urlaub. 1974 machte Friedrich Examen. Als Christine ein Kind bekam, hörte sie mit dem Studium auf. Sie heirateten. Als ihr Sohn zehn Jahre alt war, fing Christine eine Arbeit als Sekretärin an. Letztes Jahr feierten Christine und Friedrich ihren 25. Hochzeitstag.

10. 2. Hast du schon wieder vergessen, dein Zimmer aufzuräumen? **3.** Du spielst nie / fast nie mit deiner kleinen Schwester. **4.** Wann fängst du endlich an, deine Hausaufgaben regelmäßig zu machen? **5.** Warum entschuldigst du dich nie / fast nie, wenn du zu spät kommst? **6.** Du hilfst mir zu selten bei der Hausarbeit! **7.** Warum unterhältst du dich nie mit mir? **8.** Du streitest dich immer mit deinem Bruder!

11. 1. d) **2.** g) **3.** f) **4.** c) **5.** b) **6.** h) **7.** e) **8.** a)

12. *Individuelle Lösungen möglich. Lösungsbeispiel:*
Liebe Sui Mai,
es tut mir Leid, dass ich dir schon lange nicht mehr geschrieben habe. Ich hatte sehr wenig Zeit, Briefe zu schreiben, weil im Juli die Abiturprüfungen waren. Obwohl ich vorher sehr viel gelernt habe, waren meine Noten nicht sehr gut. Deshalb kann ich nicht Medizin studieren. Wenn man in Deutschland Medizin studieren möchte, muss man sehr gute Abiturnoten haben. Als ich jünger war, wollte ich unbedingt Ärztin werden. Jetzt interessiere ich mich auch für andere Berufe. Wenn ich eine Stelle in der Bank bekomme, dann studiere ich nicht. Du hast geschrieben, dass du schon seit zwei Jahren studierst. Ich würde mich freuen, wenn du mir mehr darüber erzählst.
Herzliche Grüße, Michaela

Lektion 6

1. 1. ist es … kühl / kalt. **2.** Regnet es … **3.** Es ist … neblig **4.** Wetterbericht **5.** Es ist …heiß … feucht **6.** Schnee **7.** ist es … kalt, … Süden **8.** … Schnupfen

2. 1. …würde ich mit dir Tennis spielen. **2.** … würde ich keine Gartenparty machen. **3.** …würde ich jeden Tag wandern gehen. **4.** …würde ich alle meine Kleider ausziehen. **5.** …würde ich nach China fahren. **6.** …würde ich segeln gehen. **7.** … würde ich neue Skier kaufen.

3. 2. Wie lange / seit wann sind Herr und Frau Biedemann verheiratet? **3.** Wann bringt Karsten das Auto in die Werkstatt? **4.** Wie oft fahrt ihr / fahren Sie in den Schwarzwald? **5.** Wann war Petra beim Arzt? **6.** Wie lange gab es diesen Sommer schönes Wetter? **7.** Wann fängt Martina ihre Ausbildung an? **8.** Wie oft geht ihr / gehen Sie zum Gymnastikkurs? **9.** Wann kommst du mich besuchen? **10.** Wie lange macht Familie Schmitz dieses Jahr Urlaub in Italien?

4. 1. c) **2.** a) **3.** b) **4.** c) **5.** a) **6.** b) **7.** c) **8.** a)

5. a)

	mask.	*fem.*	*neutrum*	*Plural*
Nom	der = der	die = die	das = das	die = die
Akk	den = den	die = die	das = das	die = die
Gen	des ≠ dessen	der ≠ deren	des ≠ dessen	der ≠ deren
Dat	dem = dem	der = der	dem = dem	den ≠ denen

b) 2. Du bist der Traum, auf den ich lange gewartet habe. **3.** Du hast Haare, die wie Gold aussehen. **4.** Du hast Augen, an die ich immer denken muss. **5.** Du bist der Mensch, bei dem ich immer sein möchte. **6.** Du bist die Frau, zu der ich gehöre. **7.** Du bist die Frau, deren Schönheit ich liebe.

6. 1. mit dem **2.** für das **3.** die **4.** die **5.** die **6.** bei der **7.** über das **8.** von dem

7. **1.** deren Wohnung zu vermieten ist. **2.** bei dem ich Englischunterricht habe. **3.** die ihre Eltern bei einem Unfall verloren haben? **4.** deren Vater ein berühmter Schauspieler ist? **5.** dem ich schon oft bei den Hausaufgaben geholfen habe. **6.** denen ich mein Auto verkauft habe. **7.** mit der ich im Skiurlaub war. **8.** für den sich alle Frauen interesssieren?

8. **1.** sortiert **2.** die Biotonne **3.** gesammelt **4.** Verpackung **5.** kein Plastikgeschirr **6.** Gifte **7.** Tonnen **8.** Pfandflaschen

9.

	Teil 1			Teil 2			
	Verb	Nomen	Bindungs-s / n	Verb	Nomen		
1. Lebenslauf	–	✗	✗	✗	–	s Leben	laufen
2. Wohnort	✗	–	–	–	✗	wohnen	r Ort
3. Haushaltsgeld	–	✗	✗	–	✗	r Haushalt	s Geld
4. Arbeitnehmer	–	✗	–	✗	–	e Arbeit	nehmen
5. Straßenkünstler	–	✗	–	–	✗	e Straße	r Künstler
6. Kaufhaus	✗	–	–	–	✗	kaufen	s Haus
7. Zahnarzt	–	✗	–	–	✗	r Zahn	r Arzt
8. Arbeitszeit	–	✗	✗	–	✗	e Arbeit	e Zeit

10. **2.** ein warmer / feuchter / sonniger Monat **3.** die warme / niedrige / hohe Temperatur **4.** die schlechte / hohe Qualität **5.** das unfreundliche / warme / feuchte / schlechte / fantastische / Wetter **6.** der warme / schwache / gefährliche / starke Wind **7.** die gefährliche / breite / schlechte Straße **8.** der niedrige / günstige / hohe Preis.

11. **1.** vor sechs Jahren **2.** fünf Monate **3.** nächsten Monat **4.** viermal **5.** ein Jahr **6.** in drei Tagen **7.** nie **8.** gegen Mittag **9.** sieben Wochen **10.** jeden Tag.

12. 1 Damals hat sie sich sehr für Filme interessiert. Deshalb hat sie sich bei einem Filmstudio beworben. 2 Mit achtzehn hat sie eine kleine Rolle in einem Spielfilm bekommen. 3 Als sie 20 Jahre alt war, hat sie ihren Mann kennengelernt. 4 Später ist sie mit ihrem Mann nach Hollywood gezogen. 5 Als sie ein berühmter Filmstar wurde, ließ sie sich scheiden. 6 Dann kehrte sie nach Deutschland zurück und kaufte eine große Villa. 7 Letztes Jahr hat sie einen bekannten Regisseur geheiratet. 8 Jetzt möchte sie mit der Arbeit aufhören, weil sie sich Kinder wünscht.

Lektion 7

1. *Herr Schmitz freut sich darauf, …*
… am Strand spazieren zu gehen. … dass die Fischer ihn zu einer Bootsfahrt einladen. … dass man dort jeden Tag frischen Fisch essen kann. … im Straßencafe zu sitzen.
Frau Schmitz freut sich darauf, …
… dass es dort herrliche Wanderwege gibt. … auf einem Bauernhof zu wohnen. … im See schwimmen zu gehen. … über die Grenze nach Luxemburg zu fahren.
Jan Schmitz träumt davon, …
… dass interessante Leute in seinem Hotel wohnen. … jeden Tag surfen zu gehen. … dass schöne Spanierinnen mit ihm flirten. … nachts in Discos zu tanzen.

2. a) Unglück–Pech; Pass–Ausweis; Zuhause–Heimat. b) Urlaub–Ferien; Neffe–Verwandter; Betrieb–Firma. c) beginnen–anfangen; herstellen–produzieren; aussuchen–wählen. d) besorgen–erledigen; meinen–glauben; gebrauchen–verwenden. e) völlig–ganz; früher–damals; oft–häufig.

3. **1.** weder – noch. **2.** zwar – aber. **3.** sowohl – als auch. **4.** entweder – oder. **5.** weder – noch. **6.** zwar – aber. **7.** entweder – oder.

4. **1.** c) **2.** e) **3.** h) **4.** b) **5.** a) **6.** d) **7.** g) **8.** f)

5. **1.** Herr und Frau Menzen haben ihr Auto verkauft, um das Geld für Versicherung, Steuer und Benzin zu sparen. **2.** Die Familie hat große finanzielle Probleme, weil Herr Menzen arbeitslos ist. **3.** Sie haben im Moment gerade genug Geld, um die Miete und Lebensmittel zu bezahlen. **4.** Vor vier Jahren sind die Menzens aufs Land gezogen, damit die Kinder im Grünen aufwachsen. **5.** Jetzt muss Herr Menzen häufig in die Stadt, um sich bei Firmen vorzustellen. **6.** Aber ohne Auto braucht er fast zwei Stunden, um in die Stadt zu kommen. **7.** Frau Menzen hat ihre Stelle vor einigen Jahren aufgegeben, weil die Kinder noch sehr klein waren. **8.** Jetzt arbeitet sie stundenweise in einem Supermarkt und spart jeden Pfennig, damit die Kinder Winterkleidung und neue Schuhe bekommen.

6. *Entschuldigung, könnten Sie mir bitte sagen / erklären / zeigen, …*
… wo ich Geld wechseln kann? … wohin dieser Bus fährt? … wo die Touristeninformation ist? … wie ich zum Rathaus komme? … wo der Zug nach Köln abfährt? … wo ich meine Schuhe reparieren lassen kann? … wann die Sprachschule aufmacht? … wie ich am schnellsten zum Bahnhof komme? … wie viel Uhr es ist?

7. *Individuelle Lösungen möglich. Lösungsbeispiel:*
… Sie haben uns noch nicht mitgeteilt, um wie viel Uhr das Frühstück serviert wird. Wir sind nicht sicher, ob es im Herbst Sonderpreise gibt. Unsere Kunden möchten auch wissen, wie weit das Hotel vom Strand entfernt ist und ob ein Extrabett in die Doppelzimmer gestellt werden kann. Bitte informieren Sie uns darüber, ob Gerichte für Vegetarier angeboten werden. Wir möchten auch wissen, welches Unterhaltungsprogramm es für Kinder gibt. Bitte informieren Sie uns darüber, wie viele deutschsprachige Angestellte im Hotel arbeiten. Sie haben uns auch noch nicht mitgeteilt, ob jedes Zimmer ein eigenes Bad hat.

8. **1.** Ein Weinglas ist ein Glas, aus dem man Wein trinkt. **2.** Ein Fotoapparat ist ein Apparat, mit dem man Fotos macht. **3.** Ein Taschentuch ist ein Tuch, das man in der Tasche hat / mit dem man die Nase putzt. **4.** Eine Kaffeetasse ist eine Tasse, aus der man Kaffee trinkt. **5.** Ein Suppenlöffel ist ein Löffel, mit dem man Suppe isst. **6.** Eine Waschmaschine ist eine Maschine, mit der man (Wäsche) wäscht. **7.** Ein Glascontainer ist ein Container, in dem man Glas sammelt. **8.** Ein Bücherregal ist ein Regal, in das man Bücher stellt / tut.

9. **1.** Den braucht sie, um einzuschlafen. **2.** Den braucht sie, um Musik zu hören. **3.** Das braucht sie, um Freunde anzurufen. **4.** Das braucht sie, um abends auszugehen. **5.** Die braucht sie, um nachts das Badezimmer zu finden. **6.** Den braucht sie, um bei schönem Wetter zu schwimmen. **7.** Den braucht sie, um Postkarten zu schreiben.

10. **1.** ein Hotelzimmer / einen Tisch reservieren. **2.** einen Pass, ein Visum, einen Kredit beantragen. **3.** Essen, Wein, ein Taxi, Frühstück bestellen. **4.** Fahrkarten, eine Reise, ein Hotelzimmer buchen. **5.** Fahrkarten, eine Zeitung, einen Fahrplan, einen Reiseführer besorgen. **6.** Urlaub, den Führerschein, Abitur, Ferien machen.

11. **2.** Sein Hund wird von seinem Vater versorgt. **3.** Sein Zimmer wird von seiner kleinen Schwester aufgeräumt. **4.** Sein Fahrrad wird von seinem Bruder repariert. **5.** Seine Hausaufgaben werden von einem Schulfreund gemacht. **6.** Seine Schuhe werden von seiner großen Schwester geputzt. **7.** Seine Schultasche wird von seiner Oma gepackt.

12. *Individuelle Lösungen möglich. Lösungsbeispiel:*
1. Vielleicht sollten Sie einen neuen Freund suchen. **2.** Vielleicht sollten Sie die Schuhe umtauschen. **3.** Vielleicht sollten Sie mal offen mit ihm sprechen. **4.** Vielleicht sollten Sie einen zweiten Fernseher kaufen. **5.** Vielleicht sollten Sie mal in ein Reisebüro gehen. **6.** Vielleicht sollten Sie weniger Kleider kaufen. **7.** Vielleicht sollten Sie das hübsche blaue Kleid anziehen. **8.** Vielleicht sollten Sie weniger essen / eine Diät machen.

Schlüssel

Lektion 8

1. a) *Politik*   *Nomen:*   e Koalition; s Gesetz; e Nation; e Diktatur; r Minister
                       Verb: regieren; wählen
                       Adjektiv: demokratisch; liberal

          Unglück *Nomen:*   r Unfall; s Verbandszeug; r/e Tote; s Feuer; s Krankenhaus; e Katastrophe; r Notarzt
                       Verb: passieren; verunglücken
                       Adjektiv: schwer verletzt; kaputt; schlimm

          Arbeit   *Nomen:*   e Fabrik; r Lohn; e Firma; e Nachtschicht; e Industrie; r Betrieb
                       Verb: produzieren; streiken; verdienen; kündigen
                       Adjektiv: schwer; anstrengend; (kaputt)

b) **1.** streiken – Löhne. **2.** Minister – gewählt. **3.** Unfall – Tote. **4.** Koalition. **5.** Fabrik. **6.** Nachtschicht – Lohn.

2. a) **1.** d) **2.** e) **3.** g) **4.** f) **5.** h) **6.** c) **7.** a) **8.** b)

b) Er denkt nicht nur an sich selbst. Er kümmert sich oft um seine Kinder. Er hat viel Zeit für andere Menschen. Er beschwert sich nicht über alles (über fast nichts). Er ist zufrieden mit seinem Leben. Er hat keine Angst vor intelligenten Frauen. Er hat oft Lust auf ein Gespräch mit seiner Frau. Er ist nicht immer überzeugt von seiner eigenen Meinung.

3. **1.** mit / Dat. **2.** wegen / Gen.; mit / Dat. **3.** bei / Dat. **4.** nach / Dat. **5.** während / Gen.; für / Akk. **6.** bei / Dat. **7.** über / Akk. **8.** zur (zu der) / Dat. **9.** mit / Dat.

4. 1 AUSLÄNDISCH 2 IDEAL 3 UNMÖGLICH 4 TOT 5 AKTIV 6 RUHIG 7 DANKBAR 8 BERUFSTÄTIG 9 BILLIG 10 SCHWER 11 LEICHT 12 FEUCHT.
Lösungswort: DEMOKRATISCH

5. **1.** Wie lange gab es zwei deutsche Staaten? **2.** Zwischen wem gab es lange keine Kontakte? **3.** Wodurch wurden die Kontakte besser? **4.** Womit waren die DDR-Bürger nicht zufrieden? **5.** Wogegen waren die meisten? **6.** Worüber waren sie enttäuscht?

6. **1.** e) **2.** h) **3.** a) **4.** d) **5.** c) **6.** g) **7.** f) **8.** b)

7. **1.** Hochhaus: ein Gebäude, das viele Stockwerke hat. **2.** Gehalt: das Geld, das man für die Arbeit bekommt. **3.** Lehrling: ein junger Mensch, der eine Ausbildung macht. **4.** Pass: ein Ausweis, den man auf der Reise braucht. **5.** Ehepartner: die Person, mit der man verheiratet ist. **6.** Kaufhaus: ein Geschäft, in dem man alles kaufen kann. **7.** Hut: ein Kleidungsstück, das man auf dem Kopf trägt. **8.** Sportplatz: ein Platz, auf dem man Sport treiben kann.

8. **1.** Sie geht nicht ohne ihren Hund ins Kino. **2.** Sie spricht mit keinem außer dem Chef. **3.** Während der Mittagspause bleibt sie im Büro. **4.** Wegen der guten Qualität und der hohen Preise kauft sie nur im Delikatessengeschäft ein. **5.** Sie steht nicht vor halb acht auf. **6.** Sie kocht für ihre Gäste kein Essen.

9. **1.** eine Lösung fordern, empfehlen, vorschlagen, finden, nennen. **2.** an die Geschichte denken, glauben. **3.** von der Schule weglaufen, überzeugt sein, kommen, abholen, enttäuscht sein. **4.** gegen lange Arbeitszeiten sein, streiken, demonstrieren. **5.** über das Ereignis traurig sein, sich ärgern, enttäuscht sein, sich freuen. **6.** von einer Freundschaft weglaufen, überzeugt sein, enttäuscht sein. **7.** für mehr Erziehungsgeld sein, streiken, demonstrieren. **8.** mit der Regierung einverstanden sein, zufrieden sein.

10. **1.** als **2.** deshalb **3.** obwohl – weil **4.** um zu – aber – deshalb **5.** später – als (weil) – trotzdem **6.** danach – aber.

11. **2.** In einer Metzgerei werden Wurst und Fleisch verkauft. **3.** In einer Werkstatt werden Autos oder Geräte repariert. **4.** In einer Schuhfabrik werden Schuhe gemacht / produziert. **5.** In einem Kino werden Filme gezeigt. **6.** In einer Reinigung wird Kleidung gereinigt. **7.** In einem Kiosk werde Zeitungen und Zeitschriften verkauft. **8.** In einer Tankstelle wird Benzin verkauft / werden Autos getankt.

12. **1.** über das **2.** denen **3.** wohin **4.** um **5.** für wen **6.** wenn **7.** mit dem **8.** vor.

Lektion 9

1. a) ▪ ich freue mich, ▪ ich ärgere mich, ▪ ich beschwere mich, ▪ ich wasche mich, ▪ ich bewerbe mich, ▪ ich interessiere mich, ▪ ich entschuldige mich, ▪ ich informiere mich, ▪ ich rege mich auf, ▪ ich kümmere mich, ▪ ich fühle mich, ▪ ich langweile mich, ▪ ich setze / stelle mich, ▪ ich streite mich, ▪ ich unterhalte mich, ▪ ich gewöhne mich, ▪ ich entschließe mich, ▪ ich entscheide mich, ▪ ich treffe mich, ▪ ich verabrede mich, ▪ ich beeile mich, ▪ ich ziehe mich an / um / aus, ▪ ich erinnere mich.

b) **1.** Ich sehe mir einen Film an. **2.** Ich koche mir eine Suppe. **3.** Ich bürste mir die Haare. **4.** Ich mache mir Mittagessen. **5.** Ich putze mir die Nase. **6.** Ich leihe mir Geld.

2. Dann dusche ich mich und wasche mir die Haare. Danach trockne ich mich ab und ziehe mich. Dann putze ich mir die Zähne und kämme mich (kämme mir die Haare). Später kaufe ich die Zeitung und mache mir Frühstück. Dann frühstücke ich und lese dabei die ganze Zeitung.

3. **1.** ein Messer: das braucht man, um Brot zu schneiden. **2.** ein Zettel: den braucht man, um Notizen zu machen. **3.** Zahnpasta: die braucht man, um sich die Zähne zu putzen. **4.** ein Schirm: den braucht man, wenn es regnet. **5.** ein Koffer: den braucht man, wenn man verreist (um zu verreisen). **6.** ein Taschentuch: das braucht man, um sich die Nase zu putzen. **7.** ein Wörterbuch: das braucht man, wenn man Wörter nicht weiß. **8.** eine Kreditkarte: die braucht man, um ohne Bargeld zu bezahlen.

4. Steh nicht zu spät auf. Zieh dir einen warmen Pullover an. Räum dein Zimmer auf. Mach dir Milch warm. Nimm (dir) ein Schulbrot mit. Pack deine Schultasche. Steck (dir) etwas Geld ein. Schließ die Tür ab.

5. **1.** sich wünschen **2.** sich entschließen, sich entscheiden **3.** sich unterhalten **4.** sich erinnern **5.** sich beschweren **6.** sich langweilen **7.** sich bewerben **8.** sich ausruhen.

6. **1.** Ich gebe es dir gleich. / Ich gebe dir das gleich. **2.** Ein Freund hat sie mir zum Geburtstag geschenkt. / Ein Freund hat mir die zum Geburtstag geschenkt. **3.** Bitte packen Sie es mir ein. / Bitte packen Sie mir das ein. **4.** Gib ihn mir bitte zurück. / Gib mir den bitte zurück. **5.** Ja, ich gebe ihn Ihnen gleich. / Ja, ich gebe Ihnen den gleich. **6.** Ja, ich schicke ihn Ihnen mit der Post. / Ja, ich schicke Ihnen den mit der Post. **7.** Ich erkläre es dir. / Ich erkläre dir das. **8.** Ich zeige sie euch heute Abend. / Ich zeige euch die heute Abend.

7. 1 eins 2 das 3 keins 4 es 5 welche 6 keine 7 die 8 es 9 die.

8. **1.** nicht mehr – noch nicht **2.** nicht mehr **3.** nur noch – immer noch **4.** nicht mehr – immer noch **5.** noch nicht **6.** immer noch **7.** nicht mehr **8.** immer noch.

9. **1.** Frau Seidel, wo sind Sie geboren? **2.** Hatten Sie Geschwister? **3.** Was waren Ihre Eltern von Beruf? **4.** Haben Sie eine Ausbildung gemacht? **5.** Haben Sie Kinder? **6.** Wie lange haben Sie in Danzig gelebt? **7.** Was haben Ihre Kinder gelernt? / Was für eine Ausbildung haben Ihre Kinder gemacht? **8.** Wie lange hat Ihr Mann gelebt? **9.** Wie viele Enkelkinder haben Sie? **10.** Seit wann leben Sie hier im Johanneshaus?

Schlüssel

10. Saarbrücken, **den** 8.8.96
An das Johanneshaus, Heimleitung

Sehr geehrte **Damen und Herren**,
ich möchte mich bei Ihnen informieren, **ob** Sie in nächster Zeit ein Einzelzimmer für meinen Vater freihaben. Er ist 85 Jahre alt und kann **sich** noch sehr gut helfen. **Aber** in den letzten Jahren ist es für ihn schwierig geworden, auszugehen und Bekannte **zu treffen**. Deshalb wünscht er sich ein Seniorenheim mit einem interessanten Freizeitprogramm. Er **glaubt, dass** Ihr Haus gute Freizeitmöglichkeiten bietet.
Ich würde mich sehr freuen, bald von Ihnen zu hören. Bitte schicken Sie **mir** auch einen Prospekt.
Mit **freundlichen** Grüßen
Ida Fritzen

11. 1. die Entschuldigung   2. die Verabredung   3. das Interesse   4. der Wunsch   5. der Anfang   6. die Regierung   7. die Information   8. die Unterschrift   9. die Empfehlung   10. die Bedienung   11. das Gefühl   12. die Überraschung   13. der Schnee   14. die Trennung   15. das Studium   16. die Erziehung   17. die Heirat   18. das Frühstück   19. das Spiel   20. die Lösung.

12. 1 verbracht   2 leben / wohnen   3 bleiben / verbringen   4 wohnten   5 bin – gewesen   6 leben   7 wohnen   8 bleiben / verbringen   9 blieben   10 war   11 lebt / wohnt   12 wohnen.

Lektion 10

1. *Waagerecht:* 2 Ein Buch, **das** sehr oft verkauft wird: BESTSELLER.   6 Eine Person, **die** Bücher schreibt: AUTOR.   7 Die Zeit, **in der** man ein Kind war: KINDHEIT.   8 Ein Mann, **mit dem** man befreundet ist: FREUND.

   Senkrecht: 1 Der Titel eines Buches, **nach dem** ein Film gedreht wurde: HERBSTMILCH.   2 Eine Frau, **die** auf ihrem Bauernhof arbeitet: BÄUERIN.   3 Ein Text, **in dem** Wörter sich reimen: GEDICHT.   4 Ein Buch, **in dem** eine lange Geschichte erzählt wird: ROMAN.   5 Eine Person, **mit der** man zusammen arbeitet: KOLLEGE.

2. 1. vor dem   2. auf den   3. mit dem   4. über die   5. mit dem   6. über das   7. um die   8. in der / für die

3. a) *Typ 1: Subjunktoren:* weil, obwohl, damit, als, wenn, wie, bis, bevor, dass, während
   Typ 2: Konjunktoren: aber, denn, oder, sondern, und
   Typ 3: Angabewörter: also, daher, deshalb, dann, trotzdem

   b) 1. Ich glaube, dass man heute eine Fremdsprache können muss.   2. Ich habe nicht viel Freizeit, trotzdem habe ich viele Hobbys.   3. Wenn man als Hochschulabsolvent eine gute Stelle finden will, muss man besser sein als die anderen.   4. Als ich ein Kind war, wollte ich Tierärztin werden.   5. Mein Bruder ist Lehrer, und meine Schwester ist Fotografin.   6. Sie ist schon 62 Jahre alt, aber sie sieht aus wie 50.   7. Ich warte, bis du mit dem Aufräumen fertig bist.   8. Kinder stellen viele Fragen, denn sie sind noch sehr neugierig.   9. Ich spare mein Geld lieber, damit ich mir bald eine Wohnung kaufen kann.   10. Zur Zeit habe ich Schlafstörungen, deshalb (daher) bin ich immer müde.   11. Obwohl er sehr reich ist, lebt er ganz einfach und bescheiden.   12. Sie möchte Kinder haben, deshalb (daher) möchte sie heiraten.

4. 1. zumachen   2. putzen   3. spülen   4. backen   5. nähen   6. reparieren   7. reservieren   8. malen   9. ernennen   10. erklären   11. einschlafen   12. setzen

5. 1. ist es – kalt   2. geht das – schade – geht es   3. Es regnet   4. Gibt es   5. ist es – heiß   6. das dauert   7. Stimmt es,   8. es – schneit

6. 2. Ich habe noch nie versucht, Leute durch Kontaktanzeigen kennen zu lernen.   3. Ich habe schreckliche Angst davor, ganz allein zu sein.   4. Ich vergesse oft, die Tür abzuschließen.   5. Ich träume manchmal davon, meine Arbeit aufzugeben und einfach das Leben zu genießen.   6. Ich habe einfach nie Zeit dafür, in Ruhe ein dickes Buch zu lesen.

7. **2.** Sie möchten Geld verdienen, um ihr Essen, ihre Kleidung und ihre Wohnung bezahlen zu können. **3.** Du musst ins Bett gehen, weil du müde bist. **4.** Sie schicken ihre Kinder in die Schule, damit sie lesen und schreiben lernen. **5.** Wir fahren im Sommer in Urlaub, um uns von der Arbeit auszuruhen. **6.** Wir haben ein Auto, damit Papa ins Büro fahren kann. **7.** Oma wohnt nicht bei uns, weil sie lieber allein wohnen will. **8.** Wir gehen aus, um Freunde zu treffen. **9.** Du bekommst kein Fahrrad, weil du noch zu klein bist. **10.** Du musst dir die Zähne putzen, damit du nicht so oft zum Zahnarzt musst.

8. **1.** b) / d) **2.** a) **3.** d) **4.** c) **5.** c) **6.** a) **7.** b) **8.** d)

9. **1.** g) **2.** j) **3.** f) **4.** h) **5.** a) **6.** b) **7.** i) **8.** d) **9.** c) **10.** e)

10. **2.** Dafür interessiere ich mich nicht. **3.** Darum mache ich mir keine Sorgen. **4.** Darüber denke ich nie (nicht) nach. **5.** Darauf bereite ich mich nicht vor. **6.** Ich verlasse mich darauf.

11. **2.** Ich gebe dir das Brot gleich. **3.** Ich gebe sie dir sofort. **4.** Kannst du mir den geben? **5.** Ich kann ihn dir nicht geben. **6.** Kannst du mir welche mitbringen? **7.** Wir kaufen ihm einen zum Geburtstag.

12. **1.** b) **2.** a) **3.** c) **4.** a) / b) / c) **5.** a) **6.** b) **7.** c) **8.** b) **9.** c) **10.** b)

DIE Grammatik für die Grundstufe

Grundstufen-Grammatik für Deutsch als Fremdsprache

Erklärungen und Übungen
von Monika Reimann

240 Seiten mit Zeichnungen
ISBN 3–19–001575–9

- Lehrwerksunabhängig und lehrwerksbegleitend
- Zur Wiederholung – Vertiefung – Prüfungsvorbereitung
- Im Unterricht und als Selbstlernmaterial verwendbar
- Der gesamte Wortschatz entspricht den Anforderungen des Zertifikats Deutsch

Schlüssel: 48 Seiten
ISBN 3–19–011575–3

Zweisprachige Ausgaben in Englisch, Französisch, Griechisch, Italienisch, Spanisch und Polnisch.

Hueber – Sprachen der Welt